:메이커 다은쌤의:
틴커캐드 3D모델링과 심랩

메이커 다은쌤의
틴커캐드 3D 모델링과 심랩

ISBN 978-89-314-6952-3

독자님의 의견을 받습니다

이 책을 구입한 독자님은 영진닷컴의 가장 중요한 비평가이자 조언가입니다. 저희 책의 장점과 문제점이 무엇인지, 어떤 책이 출판되기를 바라는지, 책을 더욱 알차게 꾸밀 수 있는 아이디어가 있으면 이메일, 또는 우편으로 연락주시기 바랍니다. 의견을 주실 때에는 책 제목 및 독자님의 성함과 연락처(전화번호나 이메일)를 꼭 남겨 주시기 바랍니다. 독자님의 의견에 대해 바로 답변을 드리고, 또 독자님의 의견을 다음 책에 충분히 반영하도록 늘 노력하겠습니다.

파본이나 잘못된 도서는 구입처에서 교환 및 환불해 드립니다.

이메일 : support@youngjin.com
주 소 : (우)08507 서울특별시 금천구 가산디지털1로 128 STX-V타워 4층 401호
등 록 : 2007. 4. 27. 제16-4189호

STAFF

저자 전다은 | **총괄** 김태경 | **기획** 차바울, 서민지 | **디자인·편집** 김효정 | **영업** 박준용, 임용수, 김도현, 이윤철 **마케팅** 이승희, 김근주, 조민영, 김민지, 김진희, 이현아 | **제작** 황장협 | **인쇄** 제이엠

:메이커 다은쌤의:

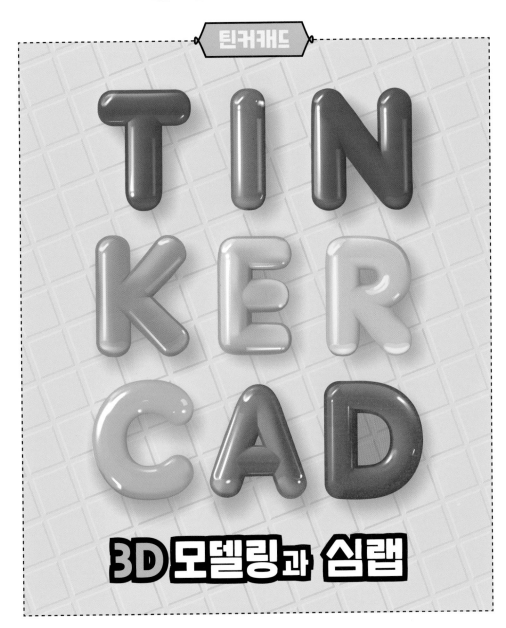

틴커캐드

TIN KER CAD

3D 모델링과 심랩

전다은 지음

YoungJin.com Y.
영진닷컴

 # 머리말

2017, 2019, 2024년 틴커캐드 모습

저와 틴커캐드의 인연은 특별합니다.

우연한 기회로 2014년 틴커캐드를 처음 알게 되고, 2015년 틴커캐드로 강의를 시작했습니다. 많은 사람에게 틴커캐드를 알리고 싶어 2016년 틴커캐드로 유튜브 채널을 시작했으며, 2017년에는 영진닷컴과 함께 틴커캐드로 첫 책을 출판했습니다. 그 후 2019, 2020, 2022년에도 계속해서 영진닷컴과 함께 틴커캐드로 책을 출판하고 있습니다.

2016년 미국 샌프란시스코 Maker Faire

2019년 Autodesk 미국 본사 방문

저는 강사 이전에 틴커캐드 창작을 즐기는 메이커입니다.

열혈 사용자로 인정받아 2018~2019년도에는 틴커캐드 Adviser로 활동했으며, 2016년과 2019년에는 미국 Autodesk 본사에 찾아가 틴커캐드 팀을 만나기도 했습니다.

3D 모델링은 제가 생각을 표현하는 방법 중 하나입니다. 대학 때 배운 모델링 프로그램보다 쉽고 가벼웠던 틴커캐드 작업 방식에 매료되면서, 한국의 많은 사람에게 틴커캐드를 알리기 시작했습니다.

한국에서 사용자가 늘면서 틴커캐드가 한글로 번역되어 제공되기 시작했습니다. 틴커캐드는 3D 모델링뿐만 아니라 전자 회로를 만들고 테스트하는 "서킷"과 코딩으로 모델링을 만드는 "코드 블록" 기능이 들어오는 등 교육 프로그램으로서의 확장과 발전을 계속하고 있습니다.

2023년 4월, 눈에 띄는 새로운 기능이 들어왔습니다. 일명 "심랩"으로 불리는 Simulation Lab 은 3D 모델링에 움직임을 더해 줌으로써, 모델링의 상상력을 더 풍부하게 만들고 있습니다. 학생들의 창의성을 높이고 많은 활동을 함께 할 수 있을 것 같아 바로 영진닷컴에 연락을 했고, 그렇게 또 다른 틴커캐드 새 책이 출판되었습니다.

2024년, 10년이 넘는 기간 동안 함께하는 틴커캐드는 저의 활동의 중심이며, 가장 잘 사용하는 프로그램입니다. 그리고 10년이 지나도 여전히 매력적인 프로그램입니다.

이 책을 통해 틴커캐드를 접하는 모든 분들이 저와 함께 즐거운 모델링을 경험하길 바랍니다.

메이커 다은쌤

이 책과 함께 동영상 활용하기

유튜브 "메이커 다은쌤" 채널에는 틴커캐드 강의 영상과 다양한 만들기 영상이 올라가고 있습니다.

다은쌤 책과 함께 영상을 확인하면서 틴커캐드를 배워 봅니다.

https://bit.ly/TINKERCAD2024

3D 틴커캐드 심랩

틴커캐드로 3D 모델링을 만드는 기본과 응용 방법을 알아봅니다. 더하여 틴커캐드로 만든 3D 모델링에 간단한 물리법칙을 적용해 시뮬레이션하는 심랩(Sim Lab) 기능을 배울 수 있습니다.

https://bit.ly/TINKERCAD2020

3D 프린팅을 위한 틴커캐드

틴커캐드에서 만든 모델링을 손으로 만질 수 있는 3D 프린터로 출력해 보는 방법을 배울 수 있습니다.

유튜브 "DDD Lab" 채널은 메이커 다은쌤이 운영하는 다른 채널입니다. 틴커캐드로 만드는 다양한 콘텐츠를 확인할 수 있습니다.

아래는 각 대표 주제의 영상 목록으로, 각각의 링크를 통해 들어가면 틴커캐드로 만드는 5개 이상의 3D 모델링 영상을 확인할 수 있습니다.

https://bit.ly/3lrYW86

박스 애니멀즈
네모 상자 도형만 사용해서 고양이, 오리, 거북이, 곰 등 10가지 동물을 모델링하고 3D 프린팅합니다.

https://bit.ly/3ba92Jy

틴커푸드
난이도가 쉬운 츄파츕스부터 어려운 바비큐 그릴까지 다양한 음식을 틴커캐드로 만들어 봅니다.

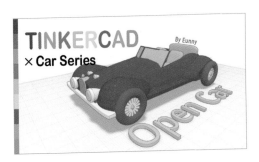

https://bit.ly/2Wy4b7V

자동차 시리즈
틴커캐드로 트럭, F1, 오픈카, 스쿨 버스 모델링을 만들어 봅니다.

https://bit.ly/2GUi7EJ

스타워즈 시리즈
틴커캐드로 스타워즈에 나오는 비행체, 로봇, 캐릭터 등을 만들어 봅니다.

단축키 기능 정리

틴커캐드에서 자주 사용되는 단축키를 정리한다.
자주 사용하는 순으로 정리하며, 알고 있으면 모델링 작업이 수월해지지만 몰라도 지장은 없다.

✔ 도형 이동

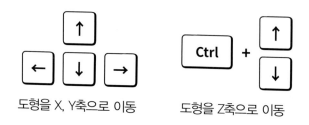

도형을 X, Y축으로 이동   도형을 Z축으로 이동

✔ SHIFT

| Shift | 도형 크기 같은 비율로 변경하기 / 45°씩 회전하기
클릭으로 여러 도형 선택하기 / 일직선상에 도형 움직이기 |

| Shift + Alt | 도형 중심 위치 고정하고
같은 비율로 크기 변경하기 |

✔ 그룹 만들기 / 해제

그룹 만들기   그룹 해제

✔ CTRL

| Ctrl | + | C |

도형 복사하기

| Ctrl | + | V |

복사된 도형 붙이기

| Ctrl | + | D |

도형과 명령 복제하기

| Ctrl | + | Y |

명령 복구

| Ctrl | + | Z |

명령 취소(뒤로 가기)

| Ctrl | + | A |

모든 도형 선택하기

✔ 단일키

| W | 작업 평면 만들기

| F | 화면 시점 맞추기

| H | 도형을 구멍 도형으로 만들기

| R | 눈금자 불러오기

| D | 도형을 작업 평면에 붙이기

| S | 구멍 도형을 도형으로 만들기

| L | 정렬 기능 불러오기

| M | 반전 기능 불러오기

| T | 도형을 투명하게 만들기

| C | 자석 기능 켜기 / 끄기

목차

PART **02**

3D 디자인 응용하기 · 82

PART 04

심랩 (Sim Lab) · 206

틴커캐드 소개와 가입

즐겁게 배우고 무료로 사용할 수 있는 틴커캐드를 소개합니다.
가입하고 틴커캐드를 시작해 봅니다.

01 틴커캐드 (Tinkercad)

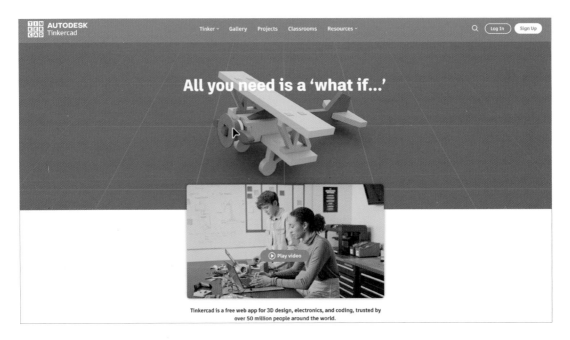

틴커캐드(Tinkercad)는 미국의 3D 모델링 프로그램 전문 회사인 오토데스크(Autodesk)사의 제품입니다. 프로그램을 컴퓨터에 설치하지 않고 인터넷을 통해 웹에서 작업을 진행합니다. 높은 사양의 컴퓨터를 요구했던 과거의 모델링 프로그램과는 다르게 쉽게 접근할 수 있는 장점을 가졌습니다. 작업했던 파일은 클라우드 기반의 저장 공간에 자동 저장이 되어 인터넷만 된다면 어느 컴퓨터에서도 자신의 계정으로 접속하여 작업을 이어서 할 수 있습니다. **가입하면 누구나 무료로 사용할 수 있는 프로그램입니다.**

틴커캐드에 접속해 시작해 봅시다! 구글 크롬(Chrome)으로 접속해 사용할 것을 추천합니다. 크롬 브라우저를 열고 상단의 주소창에 www.tinkercad.com을 입력합니다.

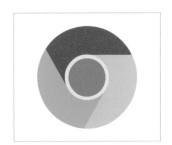

✦ 틴커캐드 한국어로 사용하기

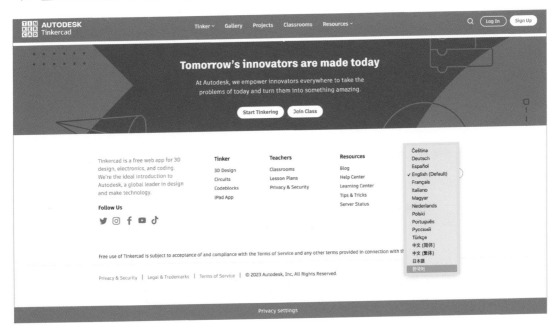

처음 틴커캐드 사이트에 들어가면 화면이 영어로 나타납니다. 한글로 틴커캐드를 사용하고 싶다면, 마우스 스크롤을 내려 화면의 가장 아래로 내려가서 오른쪽 밑에 있는 언어 선택 목록 상자에서 "English"를 "한국어"로 변경하면 됩니다. 한번 언어를 바꾸면 설정이 저장되어 다시 방문했을 때도 "한국어"로 시작합니다.

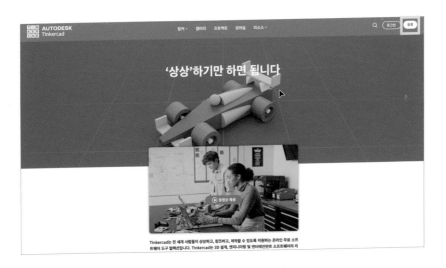

틴커캐드가 한글로 나타났나요? 이제 가입을 시작해 봅시다.
오른쪽 위쪽의 "등록"을 클릭합니다.

틴커캐드 가입은 일반인과 어린이회원(만 14세 미만)의 방법이 조금 다릅니다. 일반인은 개인 계정으로 가입하며 추후 교사 계정으로 바꿀 수 있습니다. 일반인과 선생님 계정에 큰 차이는 없습니다.

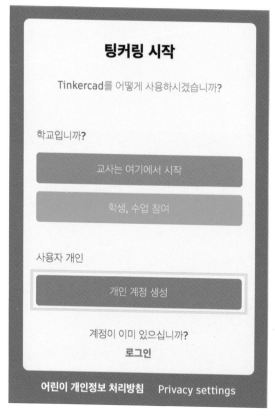

"등록"을 누르면 나타나는 화면입니다. "개인 계정 생성"을 클릭해 줍니다. 그런 다음 E-mail을 사용해 계정을 만듭니다. 구글, 애플 등의 계정을 사용한다면 해당 로그인을 누릅니다. 그밖의 E-mail 이라면 "이메일로 등록"을 클릭합니다.

국가와 생년월일을 입력합니다. "대한민국" 또는 "South Korea"를 선택하고 생년월일을 입력합니다.

생년월일이 14세 미만으로 입력되면 어린이회원으로 확인되어 가입 절차가 달라집니다.

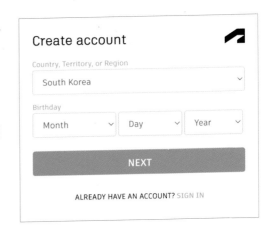

계정으로 사용할 E-mail 주소와 비밀번호를 입력합니다. "오토데스크 약관"과 "개인정보 정책"에 동의해야 가입이 완료됩니다. 체크해 줍니다.

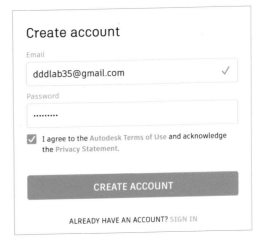

틴커캐드 계정이 만들어졌습니다. 틴커캐드 계정은 오토데스크 계정입니다. 오토데스크의 다른 프로그램에서도 사용할 수 있습니다.

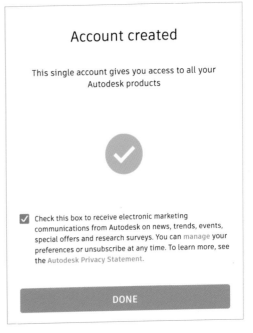

계정을 만들 때 생년월일을 만 14세 미만으로 입력하면 나타나는 화면입니다. 어린이회원으로 가입하면 틴커캐드를 바로 사용할 수 없고 교사 또는 부모의 승인이 필요합니다.

✦ 구글 클래스 룸 메일은 바로 사용 가능

"구글 클래스 룸"으로 만들어진 학교 계정의 Gmail 은 어린이도 추가 승인 없이 바로 틴커캐드를 사용할 수 있습니다.

"등록"을 누른 다음 "Google로 로그인"을 클릭합니다. 학교 계정의 Gmail로 로그인을 진행합니다.

✦ 수업 코드 만들고 어린이회원 또는 학생 참여시키기

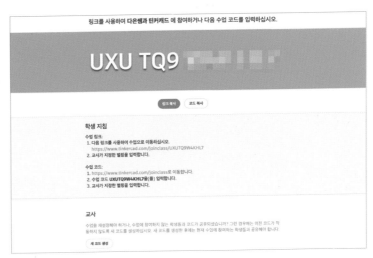

"수업에 참여"를 누르게 되면 나타나는 화면입니다. 수업 코드를 입력해야 합니다. 수업 코드는 일반인 계정 또는 선생님 계정에서 만들 수 있습니다. 부모의 경우도 "부모의 승인 받기" 방법보다는, 부모가 일반인 계정을 만들고 수업 코드를 만드는 방법이 더 편리합니다.

Tip 선생님을 위한 틴커캐드 수업 기능 사용법

선생님은 교육 활동에서 틴커캐드를 사용하기 위해 어린 학생들의 계정을 만들고 관리할 수 있습니다. 중학생 이상의 학생은 개인 계정을 만들고 관리하는 것을 추천합니다. 틴커캐드에서 수업을 개설하고 코드를 받는 방법은 유튜브 "메이커 다은쌤" 채널에서 자세히 소개합니다.

04 첫 화면과 3가지 주요 기능

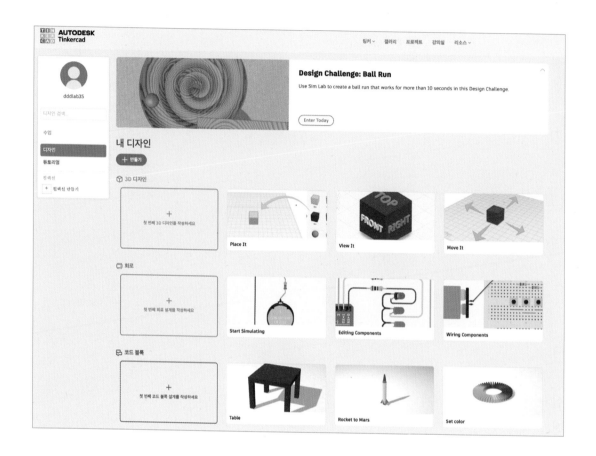

틴커캐드를 처음 로그인하면 나타나는 화면입니다. "대시보드"라고 부릅니다. 틴커캐드 모든 화면의 왼쪽 위에는 알록달록한 틴커캐드 로고가 있습니다. 이 로고를 누르면 "대시보드" 화면으로 이동합니다. "대시보드" 화면의 각 메뉴에 대한 상세한 설명은 잠시 후에 살펴보겠습니다.

틴커캐드에서는 크게 3가지 기능을 제공합니다.
"회로, 코드 블록, 3D 디자인"이 있습니다.

✦ 회로 (Circuits)

틴커캐드 "회로"는 간단한 회로 구성과 코딩, 그리고 동작해 보는 시뮬레이션을 제공하는 프로그램입니다. 물리적인 부품이 없어도 웹상에서 미리 회로를 만들어 시험해 볼 수 있습니다.

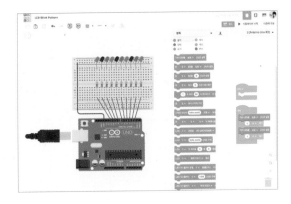

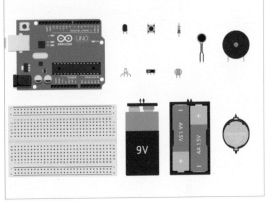

실제 전자 부품과 틴커캐드 회로에서 제공하는 전자 부품의 모습은 거의 똑같이 생겼습니다. 전자 부품이 없어도 서킷을 통해 전자 부품의 생김새에 익숙해질 수 있습니다. 서킷에서 이것저것 시험하고 회로의 완성을 확인한 다음, 필요한 전자 부품을 구매하면 좋습니다.

Tip 틴커캐드 회로를 배우고 싶다면?

틴커캐드 회로를 사용하기 이전에 전기와 전자에 관한 기초 지식이 필요합니다. "메이커가 처음 만나는 기초 전기전자와 틴커캐드 서킷" 책과 함께 배워 볼까요?
유튜브: https://bit.ly/tinkercadcircuit22

✦ 코드 블록 (Codeblocks)

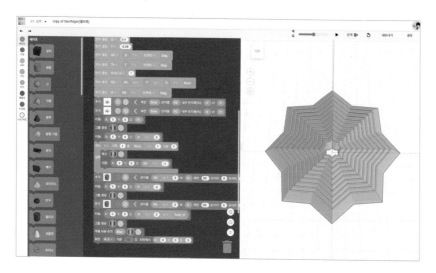

틴커캐드 "코드 블록"은 사용자가 만든 코드를 이용해 3D 디자인을 만들어 주는 기능입니다. 블록 기반의 코드를 가져와 구성하고 재생을 누르면, 명령의 순서에 따라 3D 디자인이 만들어지는 것을 볼 수 있습니다. 변수를 사용하여 반복 가능한 패턴과 복잡한 디자인을 수학적으로 만들 수 있습니다.

✦ 3D 디자인 (3D Designs)

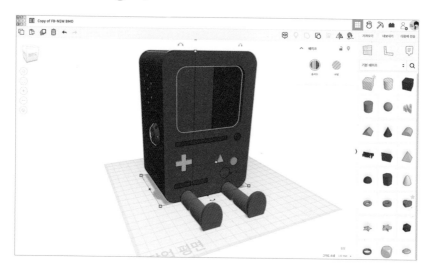

"3D 디자인"은 틴커캐드의 가장 주요한 기능으로 이 책에서 자세하게 다룹니다. 이미 부피를 가지고 있는 솔리드 또는 덩어리 기반의 도형을 사용합니다. 기본 상자, 원기둥, 육각뿔 등의 기본 도형을 더하고 빼는 과정을 통해서 내가 원하는 모델링을 만들 수 있습니다.

✦ 3D 모델링과 3D 프린팅

3D 모델링은 디지털 디자인입니다. 디지털 디자인은 확대 및 축소를 자유롭게 하며 화면으로 볼 수 있지만, 직접 손으로 만질 수는 없습니다. 이때 틴커캐드로 만든 3D 모델링으로 3D 프린팅을 할 수 있습니다. 틴커캐드에서 만든 파일을 "내보내기" 과정을 통해 STL 파일로 저장합니다. STL 파일을 사용하는 3D 프린터에 맞게 슬라이싱합니다. 그러면 디지털에서 손으로 만질 수 있는 출력물이 됩니다.

하지만 틴커캐드의 모든 모델링으로 3D 프린팅할 수 있는 것은 아닙니다. 중력이 작용하는 지구에서는 공중에 떠 있는 형상은 만들지 못합니다. 또한 바닥은 좁고 위로 갈수록 크고 무거워지는 모양도 출력하기 어렵습니다. 좋은 품질의 3D 프린터 출력물을 얻기 위해서는 3D 모델링뿐만 아니라 3D 프린터 기계, 사용하는 재료, 그리고 슬라이서 프로그램의 기본을 알고 있어야 합니다.

이 책에서는 3D 모델링을 집중적으로 소개합니다.

Tip 3D 프린팅을 배우고 싶다면?

틴커캐드로 만든 모델링으로 3D 프린팅을 시작하고 싶다면 "3D 프린팅을 위한 틴커캐드" 책을 추천합니다.
출력하는 방식과 설정에 따른 모델링 예시를 소개합니다.
유튜브: https://bit.ly/tinkercad3dprinting

05 대시보드

홈 버튼
대시보드 화면으로 이동합니다.

소개 메뉴
틴커캐드에 관한 정보를 얻습니다.

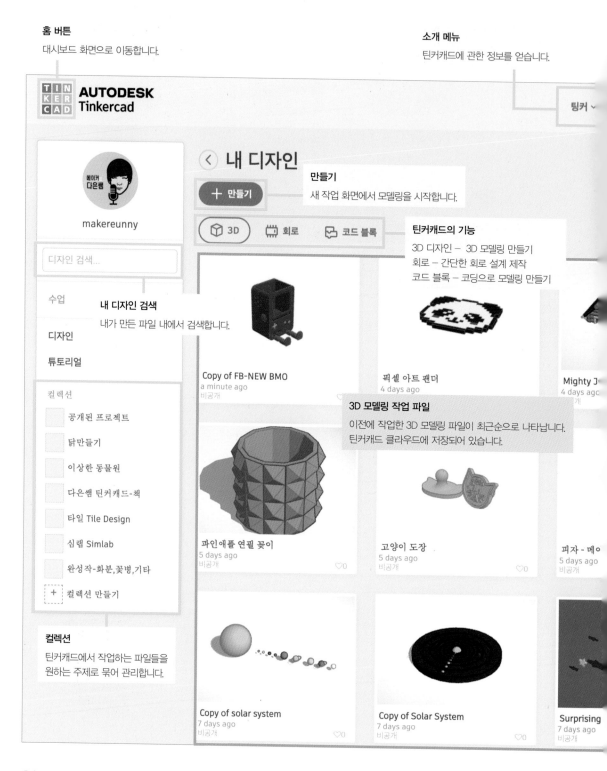

만들기
새 작업 화면에서 모델링을 시작합니다.

틴커캐드의 기능
3D 디자인 – 3D 모델링 만들기
회로 – 간단한 회로 설계 제작
코드 블록 – 코딩으로 모델링 만들기

내 디자인 검색
내가 만든 파일 내에서 검색합니다.

3D 모델링 작업 파일
이전에 작업한 3D 모델링 파일이 최근순으로 나타납니다.
틴커캐드 클라우드에 저장되어 있습니다.

컬렉션
틴커캐드에서 작업하는 파일들을
원하는 주제로 묶어 관리합니다.

AUTODESK
Tinkercad

makereunny

디자인 검색...

수업

디자인

튜토리얼

컬렉션

공개된 프로젝트
닭만들기
이상한 동물원
다은쌤 틴커캐드-책
타일 Tile Design
심랩 Simlab
완성작-화분,꽃병,기타
+ 컬렉션 만들기

내 디자인

+ 만들기

3D   회로   코드 블록

Copy of FB-NEW BMO
a minute ago
비공개

픽셀 아트 팬더
4 days ago

Mighty J
4 days ago

파인애플 연필 꽂이
5 days ago
비공개

고양이 도장
5 days ago
비공개

피자 - 메○
5 days ago
비공개

Copy of solar system
7 days ago
비공개

Copy of Solar System
7 days ago
비공개

Surprising
7 days ago
비공개

왼쪽 메뉴 "디자인"에서 "3D 디자인", "회로", "코드 블록"을 누르면 나타나는 대시보드 화면입니다. 과거에 작업한 모든 파일이 최신순으로 나타납니다.

전체 검색
틴커캐드 사용자 전체에서 파일을 검색합니다.

강의실   리소스 ˅

사용자 계정 메뉴
사용자의 정보를 확인합니다.

makereunny

이 항목 편집
이전 작업 파일에 다시 들어가
모델링을 수정합니다.

+   새 디자인

🔲   내 디자인

✉   알림

⚙   프로파일

🍎   내 수업

⊗   로그아웃

✔ Select

이 항목 편집   ⚙   특성...

복제

수업 활동에 추가...

컬렉션에 추가...

피사의 사탑
4 days ago   ♡0
비공개   삭제

개별 파일 관리
개별 파일을 복제, 삭제, 컬렉션
추가 등 관리합니다.

Frantic Snaget-Borwo
5 days ago
비공개   ♡0

Super Tumelo-Bojo
6 days ago
비공개   ♡0

Brilliant Waasa
6 days ago
비공개   ♡0

Fantabulous Juttuli
7 days ago
비공개   ♡0

Cool Snicket
7 days ago
비공개   ♡0

Daring Jaban-Esboo
7 days ago
비공개   ♡0

06 3D 디자인 작업 화면

홈 버튼
대시보드 화면으로 이동합니다.

내 설계
파일의 이름 변경, 이전 모델링 파일로 이동,
새 디자인을 시작할 때 사용합니다.

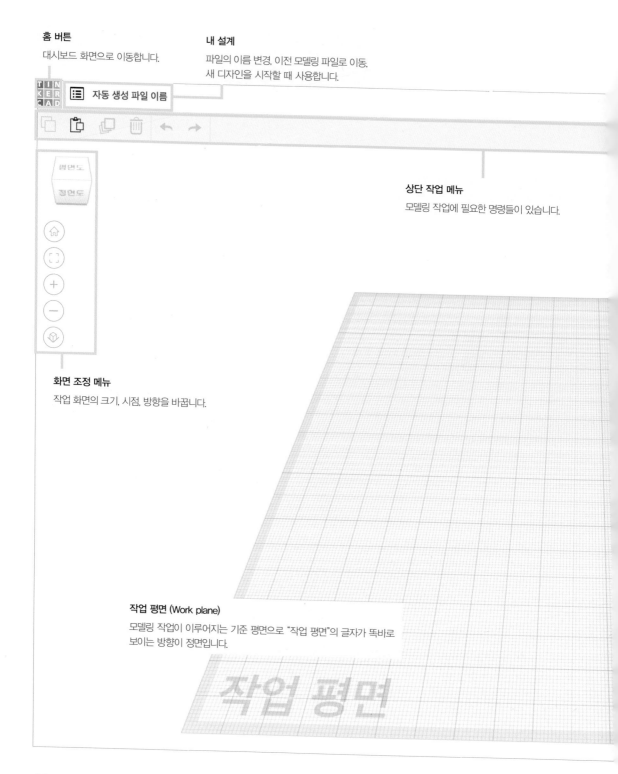

상단 작업 메뉴
모델링 작업에 필요한 명령들이 있습니다.

화면 조정 메뉴
작업 화면의 크기, 시점, 방향을 바꿉니다.

작업 평면 (Work plane)
모델링 작업이 이루어지는 기준 평면으로 "작업 평면"의 글자가 똑바로
보이는 방향이 정면입니다.

"만들기"를 누르고 "3D 디자인"을 누르면 나타나는 화면입니다.
이 작업 화면에서 3D 모델링을 만듭니다.

작업 전환
3D 디자인, 심랩, 블록, 벽돌로 작업을 전환합니다.

도형 메뉴
모델링 작업에 사용되는 도형들이 나열되어 있는 메뉴입니다.
"기본 쉐이프"를 누르면 다양한 도형 메뉴들이 나옵니다. 돋보기를 누르면 도형을 검색할 수 있습니다. 한국어 검색보다는 영어 검색이 더 잘됩니다.

설정과 그리드 메뉴
작업 평면의 크기와 단위를 변경합니다.

가져오기 내보내기 다음에 전송

기본 쉐이프

Shapes Library ×
내 작품
즐겨찾기
기본 쉐이프
설계 스타터
크리처 및 캐릭터
차량 및 기계
구조물 및 풍경
하드웨어
전자기기
즐길거리 및 게임
일상적인 객체
추천 컬렉션
쉐이프 생성기
재사용 가능한 창작물을 커뮤니티와 공유하십시오! 자세히 알아보기...

설정
그리드 스냅 1.0 mm

3D 디자인 기본

3D 디자인을 시작합니다.

틴커캐드에서 사용하는 3D 모델링의 기본 사용 방법을 익혀 보겠습니다.

01 작업 화면 조작 (마우스)

✦ 3D 모델링의 기본

3D 모델링은 입체적인 모양을 만드는 것이지만, 실제 사용자가 보고 있는 모니터 화면은 2D 평면입니다. 어떤 3D 모델링 프로그램을 사용하든 화면 조작은 가장 기본적으로 익숙해져야 하는 기능입니다. 많은 3D 모델링 프로그램이 화면 시점 조작을 마우스로 합니다. 노트북의 트랙패드만으로는 불편하니 가급적 마우스로 모델링하는 것을 추천합니다.

✦ 마우스로 화면의 자유로운 360° 회전

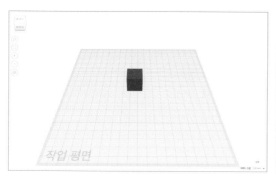
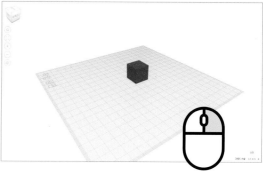

"작업 평면" 위에 마우스 커서를 올려놓고 마우스의 오른쪽 버튼을 누른 상태로 마우스를 움직입니다. "작업 평면"이 360°로 자유롭게 회전합니다.
태블릿 PC에서는 손가락 두 개를 올리고 움직이면 회전합니다.

✦ 마우스로 화면의 확대와 축소

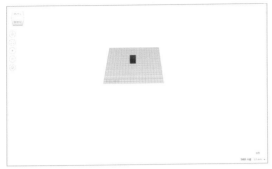 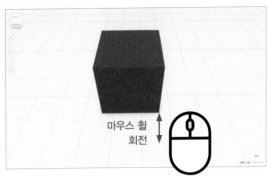

"작업 평면" 위에 마우스 커서를 올려 두고, 마우스의 스크롤 휠을 돌려 주면 화면이 확대 또는 축소됩니다.

태블릿 PC에서는 두 개의 손가락을 올려 둔 다음, 손가락 사이를 벌리거나 손가락을 좁히면 화면이 확대 또는 축소됩니다.

✦ 마우스로 화면 시점의 이동

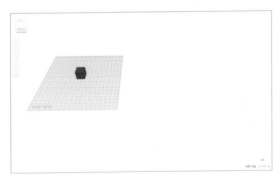 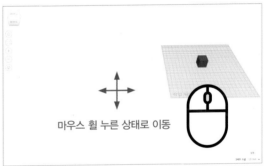

"작업 평면" 위에 마우스 커서를 올려 두고, 마우스의 스크롤 휠을 눌러 준 상태로 마우스를 움직이면 시점을 이동할 수 있습니다.

태블릿 PC에서는 두 개의 손가락을 올려 두고, 두 손가락을 같이 움직이면 됩니다.

02 작업 화면 조작 (뷰 박스)

작업 공간의 왼쪽 위를 보면 화면 시점을 조작할 수 있는 뷰 박스와 아이콘들이 있습니다.
마우스로 화면을 조정하기 어려울 때 클릭해서 손쉽게 사용할 수 있습니다. 또는 아이패드
같은 태블릿 PC에서 사용하면 좋습니다.

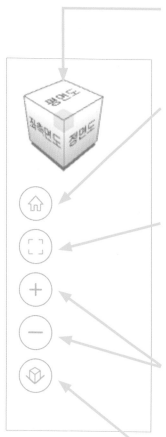

뷰 박스

상단의 정육면체 모양의 "뷰 박스"의 원하는 면을 클릭하거나, 클릭한 상
태로 회전하여 화면을 조정합니다.

홈 뷰

집 모양의 아이콘을 누르면 "작업 평면"의 글자가 똑바로 보이는 화면으
로 돌아옵니다. 모델링하다가 화면 조정이 어렵거나 정돈된 화면을 다시
보고 싶을 때 누릅니다.

선택 항목에 보기 맞춤

도형을 클릭해서 선택하고 "선택 항목에 보기 맞춤"을 클릭하면, 선택된 도
형이 화면에 꽉 차 보입니다. 도형이 선택되지 않은 상태에서 누르면, 전체
도형들을 한눈에 볼 수 있게 화면을 조정해 줍니다.
단축키로 F 를 사용합니다.

확대, 축소

클릭해서 화면을 확대 또는 축소합니다.
마우스의 스크롤을 돌리는 기능과 같습니다.

투시 뷰, 직교 뷰

작업 화면의 모습을 투시 뷰, 또는 직교 뷰로 전환합니다.

✧ 홈 뷰

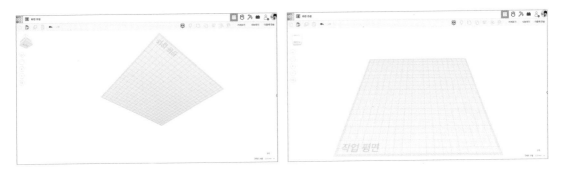

기울어져 있던 화면 상태에서 "홈 뷰"를 클릭하면 "작업 평면"의 글자가 바르게 보이면서 "정면도"가 앞으로 오도록 평면이 정렬됩니다.

✧ 선택 항목에 보기 맞춤

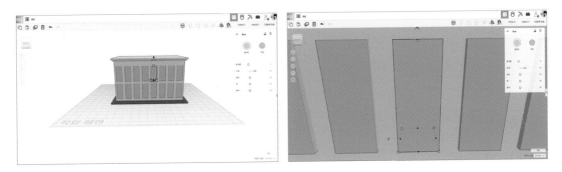

도형을 하나 선택한 후 "선택 항목에 보기 맞춤" 또는 F를 누르면, 선택된 도형이 확대되어 화면 중앙에 보입니다.

✧ 투시 뷰, 직교 뷰

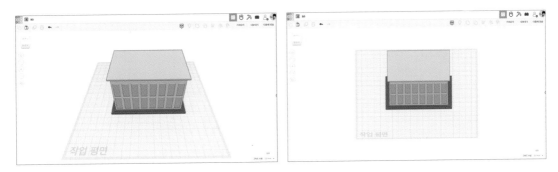

왼쪽은 입체적으로 보이는 투시 뷰, 오른쪽은 3D 모형이 평면적으로 보이는 직교 뷰입니다.

도형 가져오기와 이동

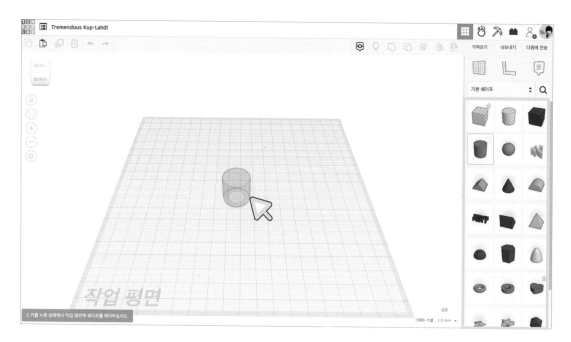

"기준 평면"은 하늘색입니다. 기본적인 모델링 작업은 오른쪽 "도형 메뉴"의 도형을 클릭해서 "작업 평면" 위로 가져오는 것으로 시작합니다. 원하는 도형을 클릭한 다음 마우스 커서를 "기준 평면"으로 움직입니다. 그리고 다시 클릭하면 그 위치에 가져온 도형이 나타납니다. "작업 평면" 위에 여러 개의 도형을 가져와 봅니다.

✦ 도형의 작업 평면에서의 이동 (XY평면 이동)

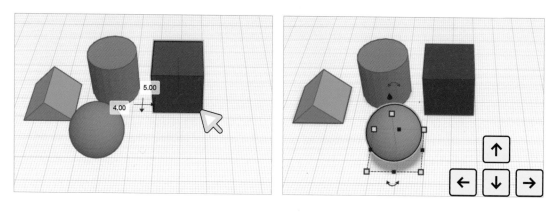

도형의 위치를 이동하는 방법은 두 가지가 있습니다. 하나는 도형을 클릭한 상태로 마우스

로 움직이는 방법입니다. 키보드의 Shift 를 누른 상태로 마우스로 이동시키면 수직 또는 수평으로만 움직입니다. 다른 하나는 도형을 선택하고, 키보드의 방향키를 누르면 도형이 이동합니다.

✦ 도형의 높이 이동 (Z축 이동)

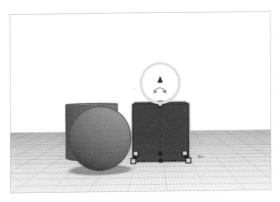
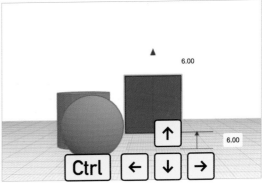

도형을 위로, 즉 Z축 방향으로 이동시키는 방법은 두 가지가 있습니다. 첫 번째 방법은 도형이 선택되었을 때 상단에 나오는 검정색 삼각형을 클릭한 채로 마우스를 움직이는 것입니다. 두 번째 방법은 키보드의 Ctrl + ↑ 또는 ↓ 를 누르는 것입니다.

✦ 도형을 작업 평면에 붙이기

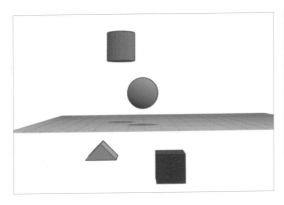
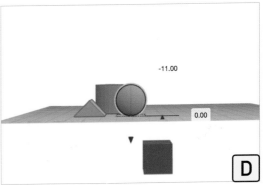

"도형 메뉴"에서 도형을 가져오면 처음에는 도형의 바닥이 "기준 평면"과 붙어 있습니다. 하늘색의 "작업 평면"은 "기준 평면"입니다. 3D 모델링은 "기준 평면" 위 또는 아래로 움직일 수 있습니다. 작업 중 다시 도형을 "작업 평면"에 붙이고 싶다면 Z축 방향으로 이동하는 두 가지 방법을 사용하거나, 도형을 선택하고 D 를 누르면 "기준 평면"에 도형이 붙습니다.

04 자석 기능으로 도형 가져오기

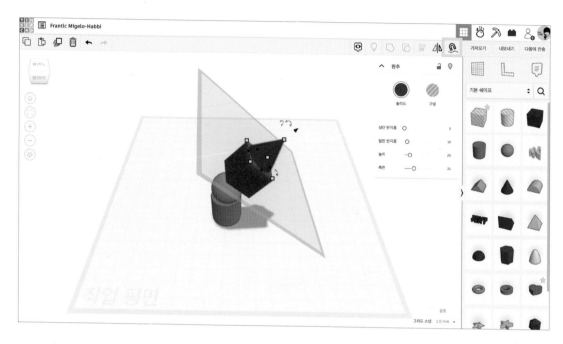

도형에 자동으로 도형이 붙는 자석 기능을 사용해 봅니다. "기본 쉐이프"에서 도형을 가져오면 자석 기능이 자동으로 활성화되어 있습니다. 이미 있는 도형의 면을 클릭하면 도형이 그 지점으로 붙게 되며 초록색 "순간 평면"이 나타납니다.

✦ 자동 자석 기능

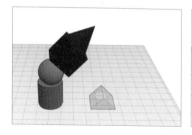 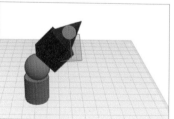 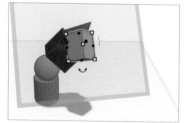

기본 쉐이프에서 도형을 클릭한 다음, "작업 평면"에서 마우스 커서를 움직이면 도형의 위치가 옅은 주황색으로 미리보기로 나타납니다. 다른 도형의 면을 클릭하면 초록색 "순간 평면"이 나타나면서 도형이 나타납니다. 초록색의 "순간 평면"이 있을 때는 이 평면을 기준으로 도형이 이동됩니다. 도형의 선택이 해제되거나, 바닥을 클릭하면 초록색 "순간 평면"은 사라집니다.

✦ 하늘색 기준 평면에 있는 도형을 붙이고 싶을 때

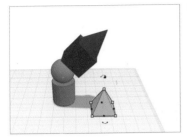 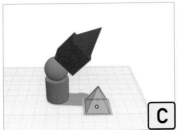 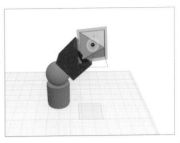

이미 하늘색 "기준 평면"에 있는 도형을 다른 도형에 붙이고 싶을 때, 움직일 도형을 먼저 클릭해서 선택합니다. 그다음 키보드의 C를 눌러 줍니다. 또는 작업 메뉴에서 자석 모양의 아이콘을 클릭합니다. 자석 기능이 활성화되면서 흰색 둥근 점이 나타납니다. 흰색 둥근 점 중 하나를 클릭해서 누른 상태로 원하는 위치로 이동합니다. 마우스 커서가 이동한 면으로 선택한 도형이 움직여 붙습니다.

✦ 도형을 하늘색 기준 평면에 붙이고 싶을 때

 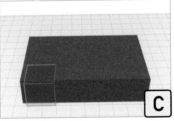 

기본 쉐이프에서 가져온 도형은 자동적으로 자석 기능이 활성화되어 있습니다. 그래서 마우스 커서를 도형 위로 움직이면, 새로 가져온 도형은 이미 있던 도형 위에 자동으로 올라가게 됩니다. 만약 도형을 하늘색 "기준 평면"에 붙이고 싶다면, 키보드의 C를 누른 다음 클릭하면 하늘색 "기준 평면"에 붙습니다.

✦ 초록색 순간 평면

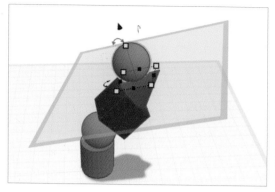 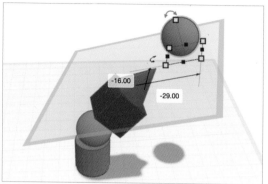

자석 기능으로 도형을 움직이면 선택된 점을 기준으로 초록색의 "순간 평면"이 나타납니다. 초록색 "순간 평면"이 보일 때는 "순간 평면"이 마치 "기준 평면"처럼 작용합니다. 키보드의 방향키로 도형을 움직이면 초록색 평면 위에서 도형이 움직이는 것을 볼 수 있습니다. 도형의 선택이 해제되거나, 바닥을 클릭하면 초록색 "순간 평면"은 사라집니다. 일시적이기 때문에 초록색 "순간 평면"보다는 다음 장에 나오는 주황색의 "임시 평면"을 만들어서 사용하는 것이 더 좋습니다.

주의하기

▌3D 프린팅을 위한 모델링을 할 때는 꼭 확인하기

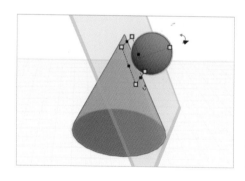 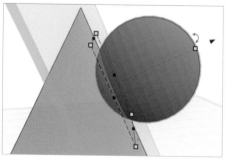

자석 기능을 활용한 모델링 작업에서는 도형이 서로 접해 보이지만, 실제로 3D 프린팅을 하면 붙어 있지 않습니다. 특히 곡면과 곡면은 붙을 수 없습니다. 따라서 3D 프린팅을 위한 모델링을 할 때는 자석 기능을 사용할 때 주의합니다. 도형과 도형이 서로 충분히 겹쳐져야 3D 프린팅에서 하나의 모형으로 붙어서 나옵니다.

05 도형 삭제와 뒤로 가기

✦ 도형 삭제하기

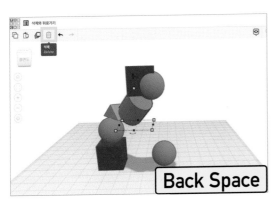 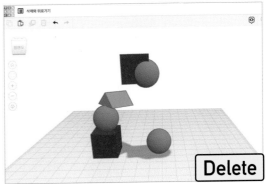

도형을 선택한 다음 [Back Space]나 [Delete]를 누르면 도형을 삭제할 수 있습니다.
태블릿 PC에서는 도형을 선택하고 왼쪽 상단에 있는 휴지통 아이콘을 클릭하면 도형이 지워
집니다.

✦ 이전 작업으로 뒤로 가기, 다시 복구하기

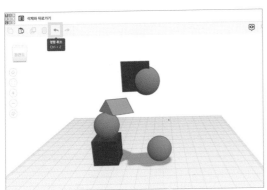 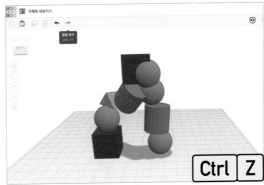

도형을 잘못 지웠거나, 이전의 작업이 더 마음에 들 때는 "뒤로 가기" 기능을 사용합니다.
왼쪽 상단에 있는 검정색 화살표를 클릭합니다. 단축키로는 [Ctrl]+[Z]입니다. 뒤로 가기로 취
소한 작업을 다시 실행할 때의 단축키는 [Ctrl]+[Y]입니다.

06 임시 평면 만들기

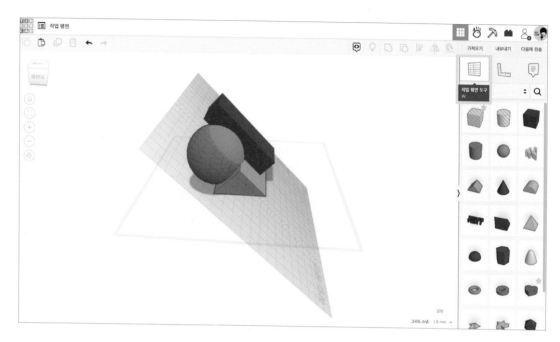

자석으로 만들어진 초록색의 "순간 평면"은 다른 곳을 클릭하면 사라집니다. 초록색의 "순간 평면"은 일시적입니다. 하늘색 "기준 평면" 말고 고정적으로 사용할 수 있는 주황색 "임시 평면"을 만들어 봅니다. "작업 평면(Workplane)" 기능을 사용해 봅니다. "작업 메뉴"의 "작업 평면" 아이콘을 클릭하거나, 키보드의 W를 누릅니다.

✦ 주황색 임시 평면 만들고 사용하기

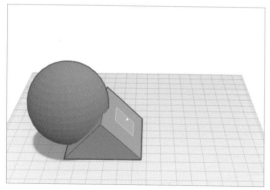
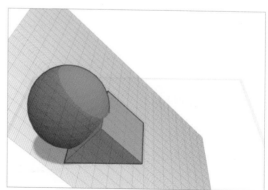

"작업 평면" 기능이 실행되면 마우스 커서의 움직임에 따라 네모난 면이 따라다닙니다. 추가

로 "임시 평면"을 만들고 싶은 평평한 면을 찾아 클릭합니다. 그러면 주황색의 "임시 평면"이 만들어집니다. 둥근 곡면 위에도 "임시 평면"을 만들 수 있지만, 클릭한 점을 중심으로 만들어 져 정확한 위치를 알 수 없기 때문에 곡면에 "임시 평면"을 만드는 것은 추천하지 않습니다.

✦ 주황색 임시 평면에서 작업하기

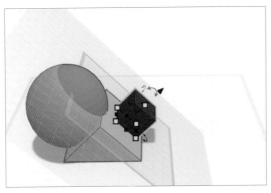
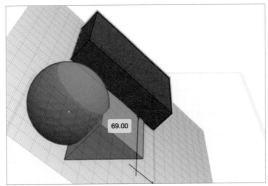

"임시 평면"을 만든 다음 새 도형을 가져옵니다. 새 도형은 주황색 평면을 "기준 평면"으로 인 식하고 가져와집니다. 도형을 이동시켜 보면 "기준 평면"이 된 주황색 평면에 도형이 붙어서 이동하는 것을 볼 수 있습니다. 주황색 "임시 평면"을 끄기 전까지 모든 기준은 주황색 평면 으로 이루어집니다.

✦ 주황색 임시 평면 끄기

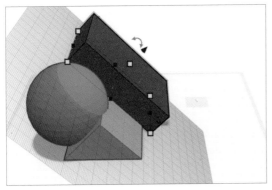
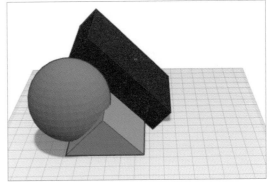

주황색 "임시 평면"을 끄고 다시 하늘색 "기준 평면"으로 돌아와 봅니다. "작업 메뉴"의 "작업 평면" 아이콘을 클릭하거나, 키보드의 W를 누릅니다. 그다음 "기준 평면"의 영역을 클릭하 면 주황색 "임시 평면"이 사라지면서 하늘색 "기준 평면"으로 돌아옵니다. 필요에 따라 주황 색의 "임시 평면"을 불러와서 사용하고 끕니다.

미니 미션

위로 쌓아 성 만들기

자석 기능을 사용하는 방법을 익혀 보며 성을 만들어 봅니다. "기본 쉐이프"의 기본 도형만 사용합니다. 새로운 도형을 계속 쌓아 올리는, 도형 위에 도형을 올리는 방식으로 성을 만듭니다. 위로 올렸던 도형을 다시 바닥으로도 내려 보고, 바닥에 둔 도형을 위로도 올려 봅니다.

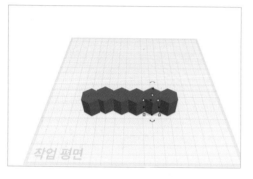
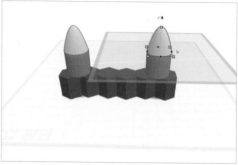

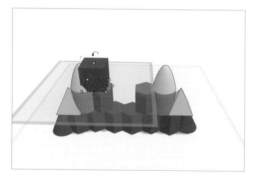
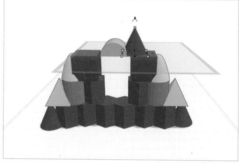

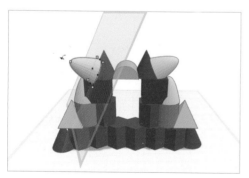
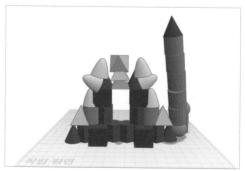

자유롭게 붙여 사람 모양 만들기

화면을 자유롭게 360° 회전하면서 도형을 붙여 사람 모양을 만들어 봅니다. "기본 쉐이프"의 기본 도형만 사용합니다. 화면을 자유롭게 조정하면서 자석 기능을 사용해 도형 위에 새 도형을 붙입니다. 그래야 입체적인 사람 형태의 모양을 만들 수 있습니다.

어떤 자세를 취하고 있는 사람인가요?

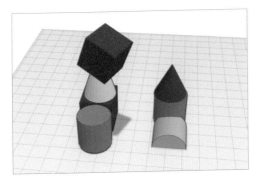
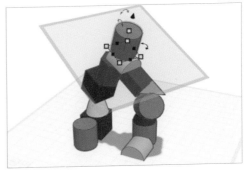

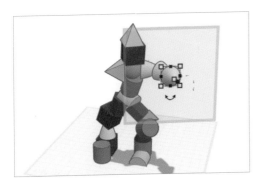

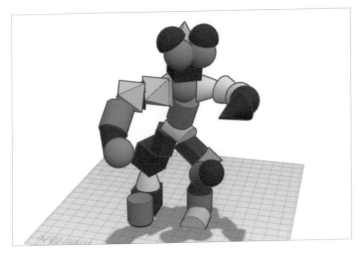

도형 크기 바꾸기 (마우스)

✦ 도형의 크기를 마우스로 바꾸기

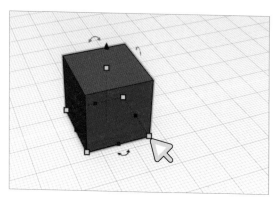
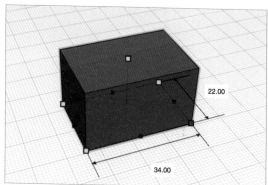

도형의 크기를 마우스로 바꿔 봅니다. 도형을 선택하면 주변에 점들이 나타납니다. 이때 꼭 지점에 있는 흰색 네모 점을 클릭한 상태로 잡아당깁니다. 그러면 크기가 커지거나 작아집니다. 모서리의 중간에 있는 검정색 네모 점을 잡아당기면 한쪽 방향으로만 크기가 커지거나 작아집니다.

✦ 도형의 길이를 마우스로 바꾸기

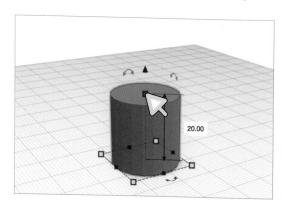
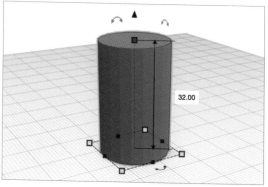

도형의 길이를 마우스로 바꾸기 위해서 도형의 가장 상단의 중앙에 있는 흰색 네모 점을 클릭하여 움직입니다. 크기를 바꾸는 흰색 네모 점과 도형의 높이 위치(Z축)를 변경하는 검정색 삼각형이 서로 가까이 있습니다. 겹쳐 보인다면 화면을 회전해서 방향을 바꾼 다음 정확히 클릭합니다.

도형의 비율을 유지하면서 크기 바꾸기

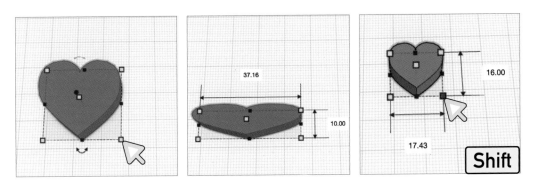

마우스로 도형의 점을 클릭해서 크기를 바꾸면 가로세로 길이만 늘어나거나 줄어듭니다. 예쁜 하트의 모양이 이상하게 찌그러질 수 있습니다. 도형이 원래 가지고 있는 비율을 유지한 상태에서 크기를 키우거나 줄이려면 Shift 를 누른 상태에서 흰색 점을 잡아당겨 줍니다.

도형의 중심 위치를 고정하면서 크기 바꾸기

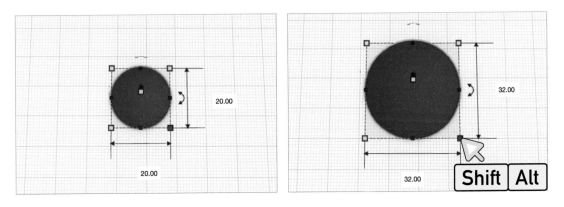

기본적으로 도형의 오른쪽 아래 흰색 네모 점을 잡아당기면, 왼쪽 위의 흰색 네모 점의 위치가 고정된 기준점이 됩니다. Alt 를 누르면 도형의 중심 위치가 고정됩니다. Alt + Shift 를 함께 누르고 마우스로 도형의 네모 점을 클릭해서 도형의 크기를 바꿔 봅시다. 도형의 중심 위치가 고정되고, 비율을 유지한 채로 도형의 크기가 커지거나 작아집니다.

도형 크기 바꾸기 (자 기능과 숫자)

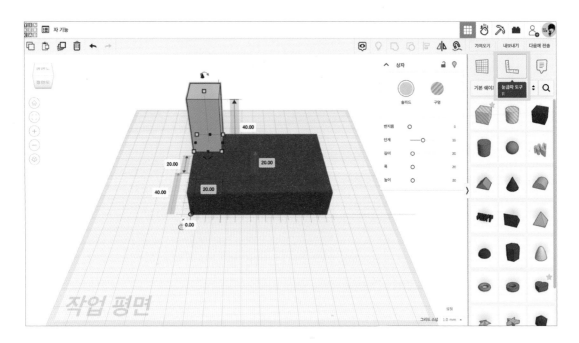

도형을 정확한 치수로 크기를 바꾸기 위해 자(Ruler) 기능을 불러와 사용해 봅니다.

"작업 메뉴"의 "눈금자 도구" 아이콘을 클릭하거나 단축키 R 을 누릅니다.

✦ 자의 원점 설정

자 기능을 실행하고 마우스를 움직여 보면, ㄴ자 모양의 자가 마우스 움직임을 따라 다닙니다. 클릭하면 그곳이 자의 기준 원점이 됩니다. 기준 원점은 아무 바닥을 클릭하기보다는 도형의 모서리 점을 선택하는 것이 좋습니다.

✦ 자를 이용해서 치수 변경하기

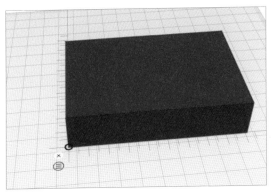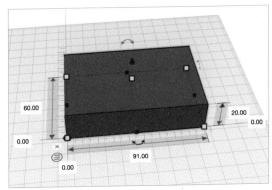

빨간색 상자의 왼쪽 아래 모서리를 클릭했습니다. 이어서 도형을 클릭하면 자의 원점을 기준으로 도형에 관한 크기와 위치가 숫자로 나타납니다. 숫자창을 클릭하고 원하는 숫자를 입력하면 크기를 원하는 치수로 바꿀 수 있습니다.

✦ 자의 시작점을 모서리에 맞추기

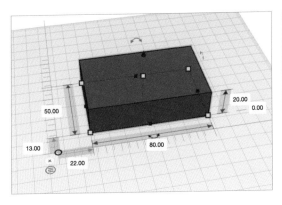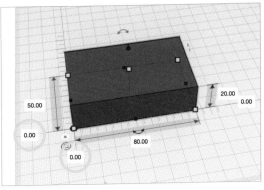

자의 시작점이 모서리에 맞지 않은 상태에서 도형을 선택하면, 원점과 도형의 모서리가 얼마나 떨어져 있는지 초록색 화살표와 함께 숫자로 나타납니다. 자의 원점을 클릭한 상태로 자의 위치를 옮길 수 있습니다. 또는 원점과 모서리가 떨어져 나타난 초록색 화살표의 숫자를 클릭해서 "0,0"을 입력하는 방법도 있습니다.

✦ 중간점 사용과 끝점 사용

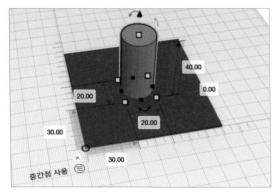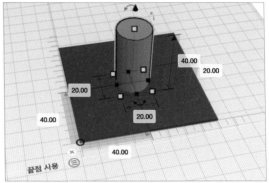

자 기능이 활성화되어 있을 때, 원점 밑에 선 세개의 둥근 아이콘이 있습니다. 이 아이콘을 클릭하면 자의 측정 기준을 바꿀 수 있습니다.

"끝점 사용"은 도형의 모서리 끝점에서 끝점 사이의 거리를 나타내 줍니다. "중간점 사용"은 도형의 중심 위치까지 거리를 나타내는데, 주로 원형의 중심을 확인하고 싶을 때 사용합니다.

✦ 자 끄기

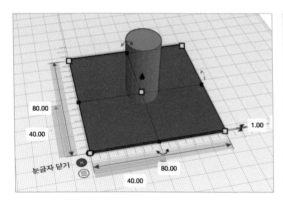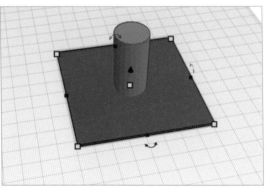

자 기능이 활성화되어 있을 때, 원점 밑에 X 모양 아이콘이 있습니다. 이 아이콘을 누르면 자는 사라집니다. 자를 계속 켜 두고 사용하는 것은 화면에 너무 많은 숫자가 나와 복잡할 수 있습니다. 필요에 따라 자를 켜고 끄며 사용합니다.

✦ 자 없이 도형 크기 숫자로 바꾸기

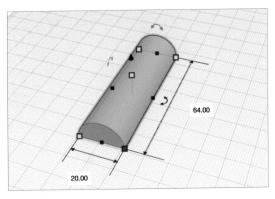 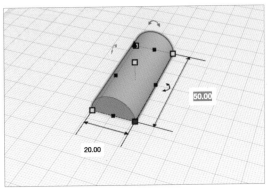

자 기능이 켜져 있어야만 크기를 숫자로 바꿀 수 있는 것은 아닙니다. 자를 불러오지 않아도 숫자로 크기를 바꿀 수 있습니다. 먼저 도형을 클릭해서 선택합니다. 그다음 도형의 모서리에 있는 흰색 네모 점을 클릭합니다. 그러면 그 점과 연관된 가로세로 길이 숫자 박스가 나타납니다. 숫자를 클릭하고 키보드로 원하는 수를 입력해 크기를 바꿔 줍니다.

✦ 자 없이 도형 길이 숫자로 바꾸기

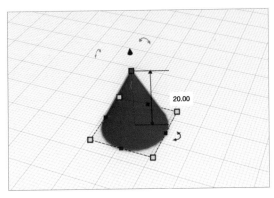 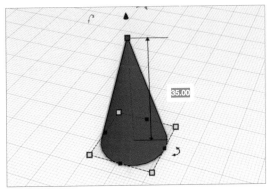

도형의 길이를 바꾸기 위해서는 도형 위쪽에 있는 흰색 점을 클릭합니다. 그러면 길이에 연관된 숫자 상자 하나만 나타납니다. 숫자를 클릭하고 키보드로 원하는 수를 입력해서 크기를 바꿔 줍니다.

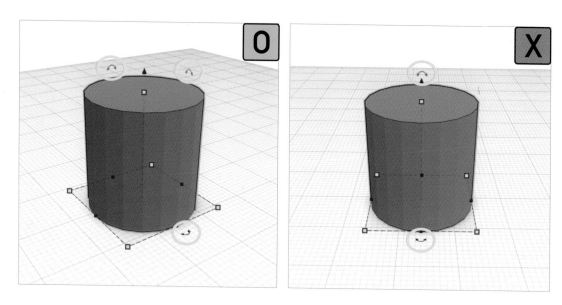

도형을 클릭하면 도형 주변에 둥근 화살표를 볼 수 있습니다. 3차원상에서는 X, Y, Z축을 중심으로 각각 회전할 수 있기 때문에 총 3개의 둥근 화살표가 있습니다. 하지만 화면의 시점을 어떻게 설정했는가에 따라 2개 또는 1개의 둥근 화살표만 보일 수 있습니다. 먼저 마우스 오른쪽을 클릭한 상태로 화면을 움직여 둥근 화살표 3개가 잘 보이게 화면을 구성합니다.

✦ 회전 방향의 확인

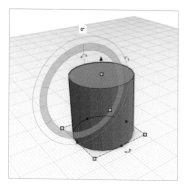 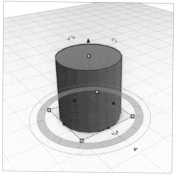 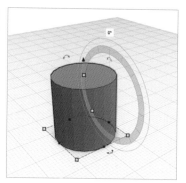

둥근 화살표에 마우스 커서를 가져다 올리면 회전하는 모양이 둥근 눈금으로 나타납니다. 둥근 눈금의 중앙에는 빨간색 점으로 회전 중심이 나타납니다. 회전하고 싶은 방향을 확인하고 잘 선택해야 합니다.

✦ 도형 마우스로 회전하기 (22.5° 스냅)

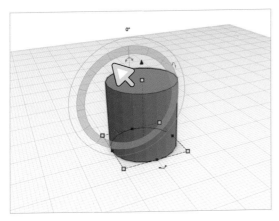 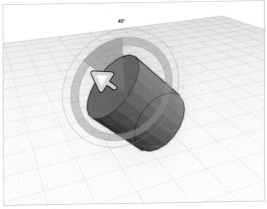

둥근 화살표를 클릭해서 움직여 봅니다. 마우스 커서의 위치는 도형과 가까이 있습니다. 도형은 22.5°씩 회전합니다. 기본적으로 스냅 기능이 작동하기 때문에 회전 각도가 정해져 있습니다. 22.5°, 45°, 67.5°, 90°로 회전할 때 편합니다.

✦ 도형 마우스로 회전하기 (1° 씩 자유롭게)

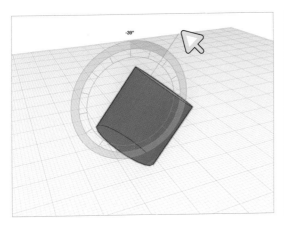 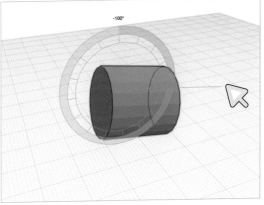

둥근 화살표를 클릭한 다음, 누른 상태에서 마우스 커서의 위치를 멀리 이동합니다. 이 상태에서 움직이면 도형이 1°씩 회전합니다. 시계 방향은 + 회전이고, 반시계 방향은 − 회전입니다.

✦ 45°씩 회전하기

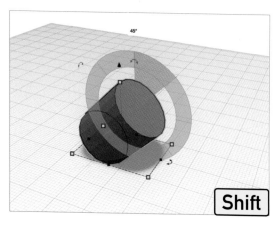
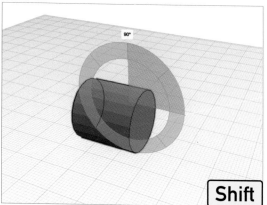

회전하기 위해 둥근 화살표를 누른 다음 키보드의 Shift를 누릅니다. 그러면 회전 눈금이 단
순화 되면서 45°를 기준으로 회전합니다. 45°, 90°, 180°로 회전할 때 편리합니다.

✦ 숫자를 입력해서 회전하기

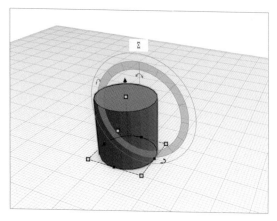
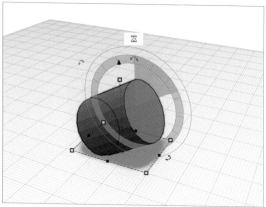

둥근 화살표를 클릭하면 각도를 나타내는 숫자창이 나타납니다. 숫자창을 클릭해 원하는 값
을 입력할 수 있습니다. + 양수 값은 시계 방향으로 회전하고, − 음수 값은 반시계 방향으로
회전합니다.

✦ 회전 기능 주의사항

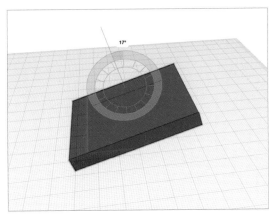 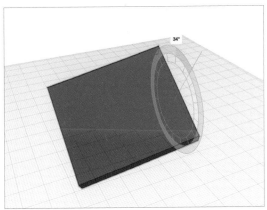

도형에 나타나는 세 개의 둥근 화살표를 이용해서 자유롭게 회전할 수 있습니다. 숫자를 입력해서 회전하는 방법도 배웠습니다. 하지만 한 번 회전하면 회전 값이 저장되지 않고 다시 0°로 설정됩니다. 필요하다면 자신이 회전한 각도를 기억하고 있어야 합니다.

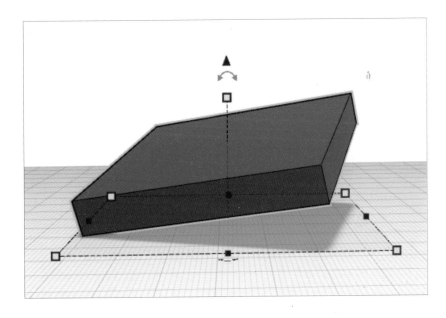

회전한 각도를 알 수 없는 도형입니다. 도형의 납작한 면을 하늘색 "기준 평면"에 붙이고 싶지만, 각도를 알지 못하면 평행으로 붙이기 어렵습니다. 이럴 때는 다시 새로운 도형으로 시작하는 것을 추천합니다.

10 기본 단위, 작업 공간 설정, 그리드 변경

화면 오른쪽 아래에 있는 "설정"을 클릭합니다. 틴커캐드에서 사용하는 기본 단위와 작업을 시작할 때 나타나는 "작업 평면"의 기준을 확인할 수 있습니다. 작업 공간과 모델링 크기는 무한하지 않습니다. 제한된 크기를 확인하고 바꿔 봅니다.

✦ 작업 공간 설정

틴커캐드에서 사용하는 기본 단위는 mm입니다. 단위는 인치 또는 벽돌로 바꿀 수 있으며, 벽돌은 픽셀 아트를 만들 때 사용하면 좋은 단위입니다. 사전 설정을 사용하는 3D 프린터 베드 사이즈에 맞게 바꿀 수도 있지만, 기본적인 "Tinkercad(기본값)" 사용을 추천합니다.

✦ 작업 공간의 확장

"Tinkercad(기본값)"으로 설정된 하늘색 "기준 평면"은 200mm×200mm입니다. 더 넓은 작업 공간이 필요하면 폭과 길이의 값을 바꿔서 더 넓은 기준 바닥을 만들 수 있습니다. 위의 그림은 폭과 길이를 500mm으로 늘렸을 때의 모습입니다. 최대 가능한 값은 1000mm입니다. 그 이상의 값을 입력해도 적용되지 않습니다.

✦ 작업 공간의 한계 경계선

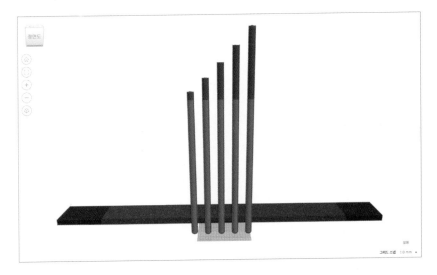

작업 공간이 넓어졌다고 모든 크기의 모델링이 가능한 것은 아닙니다. 틴커캐드에서는 가로·세로·높이의 부피가 1000mm를 넘어가기 시작하면 색이 어둡게 변한 영역이 나타납니다. 작업 공간의 최대 경계선입니다. 이 공간을 넘어간 곳에서의 작업은 에러가 발생하거나 원하는 기능이 제대로 작동하지 않습니다.

✦ 배경색, 그리드 표시 숨기기

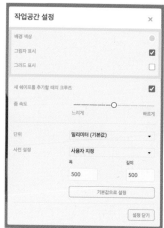

"설정"을 누른 다음 "배경 색상" 옆의 동그라미를 눌러 줍니다. 원하는 배경 색상으로 색을 변경해 줍니다. 하늘색 "작업 평면"이 나타나는 것이 싫다면 "그리드 표시" 옆 체크 표시를 눌러 기능을 비활성화합니다. "설정 닫기"를 누르면 달라진 배경을 확인할 수 있습니다.

✦ 그림 파일로 내보내기

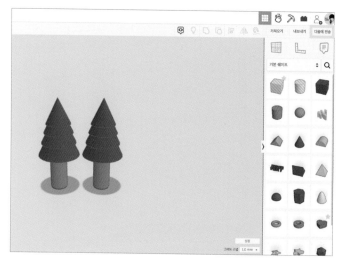

틴커캐드로 만든 작품을 그림 파일로 저장할 수 있습니다. 화면을 원하는 방향과 크기로 조정합니다. 작업 메뉴의 오른쪽 위에 있는 "다음에 전송"을 클릭합니다. "로컬로 다운로드"를 눌러 PNG 그림 파일로 저장할 수 있습니다.

✦ 그리드 스냅 변경과 사용

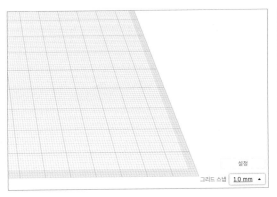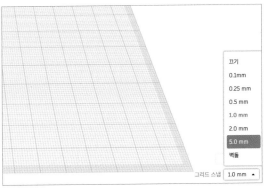

"설정" 메뉴 밑에 "그리드 스냅"이 있습니다. 그리드 스냅은 마우스 또는 키보드로 도형의 크기를 바꾸거나 이동할 때 적용되는 단위입니다. 기본적으로 1.0mm로 설정되어 있습니다. 초보자는 아무 변경 없이 1.0mm로 두고 사용해도 됩니다.

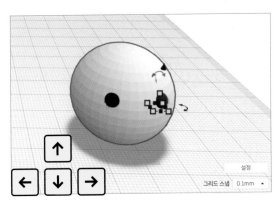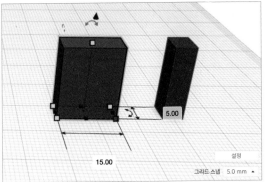

마우스를 이용해 도형을 미세하게 움직이는 것은 쉽지 않습니다. 그렇기에 그 대신 그리드 스냅을 0.1mm로 변경하고 키보드 방향키를 눌러서 도형을 이동하면 됩니다. 주의할 점은 그리드 스냅이 0.1mm로 설정되어 있으면 도형의 크기를 바꿀 때도 도형 크기에 소수점 자리가 생겨 불편할 수 있다는 것입니다.

그리드 스냅을 5.0mm로 설정하고 도형을 움직이면 5mm씩 성큼성큼 움직이고 크기도 5.0mm씩 변합니다. 필요할 때만 그리드 스냅을 변경하고 작업이 끝나면 다시 1.0mm로 사용하는 것을 추천합니다.

미니 미션

밤하늘의 별

"기본 쉐이프"에서 별 도형 여러 개를 "작업 평면"으로 가져옵니다. 별의 크기를 모두 다르게 바꿔 줍니다. 바닥에 누워 있는 별을 회전시켜서 세운 뒤, 별을 선택하면 나타나는 검정색 삼각형을 이용해 공중으로 띄웁니다. "설정"에서 그리드 표시를 해제하고 배경 색상을 바꿔 밤하늘의 별을 만들어 봅니다.

기본적인 밤하늘을 만들었다면 여러분의 별자리를 만들어 볼까요?

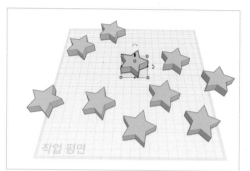
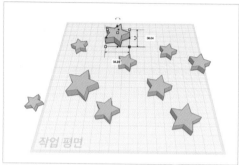

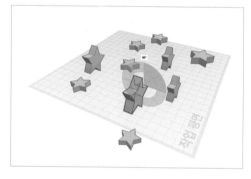
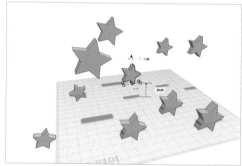

태양계 표현하기

구 도형을 가져와 지름을 10mm로 만들어 줍니다. 파란색 구 도형은 지구입니다. 도형을 복사 및 붙여넣기 하여 왼쪽에는 금성, 오른쪽에는 화성을 만들어 줍니다. 어떤 행성이 더 클까요? 태양을 제외하고 어떤 행성이 가장 클까요?

아직 비율을 계산하기 어렵다면 크기를 무시해도 괜찮습니다. 태양계도 좋고 저 멀리 있는 우주의 은하를 표현해도 좋습니다.

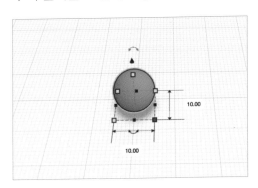
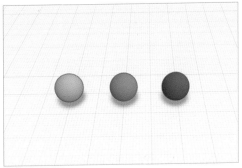

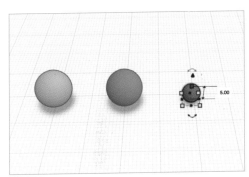
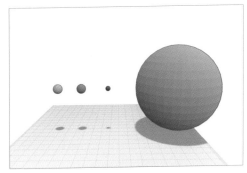

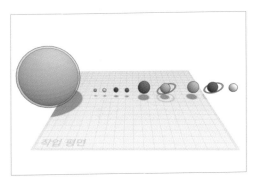
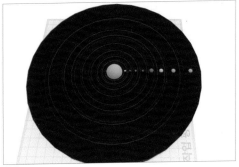

그룹 만들기 1: 도형 복사와 더하기

01 도형 복사, 붙여넣기

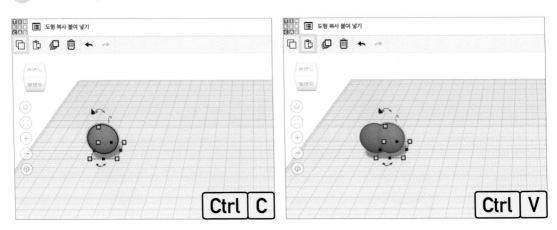

"작업 평면" 위에 구 도형을 하나 가져옵니다. 복사 단축키인 Ctrl+C를 누른 뒤 붙여넣기 단축키인 Ctrl+V를 누르면, 구 도형 옆으로 겹친 구 도형 하나가 생깁니다. 태블릿 PC에서는 왼쪽 위에 있는 복사, 붙여넣기 아이콘을 순차적으로 누르면 사용할 수 있습니다.

02 도형 여러 개 복사하기

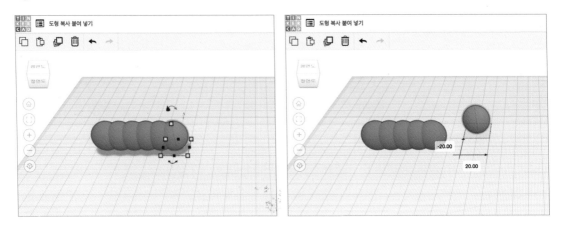

Ctrl+V를 반복해서 눌러 주면 구 도형이 여러 개 생깁니다. 이 도형들은 서로 위치만 겹쳐 있을 뿐, 하나씩 클릭해서 움직여 보면 모두 다 떨어져 있는 걸 알 수 있습니다. 그룹을 이용하여 여러 개의 도형을 하나로 붙여 봅니다.

03 여러 개의 도형을 선택하는 방법

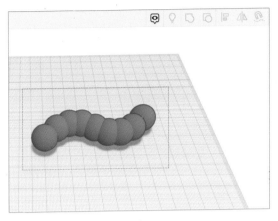
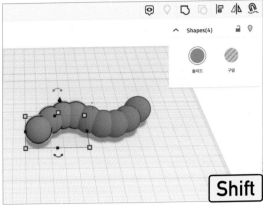

여러 개의 도형을 한번에 선택해야 그룹을 만들 수 있습니다. 여러 개의 도형을 한번에 선택하는 방법은 두 가지입니다. 첫 번째는 도형의 바깥쪽에서부터 드래그를 해서 도형들을 선택하는 것입니다. 두 번째 방법은 Shift 를 누른 상태로 도형을 하나씩 클릭하는 것입니다.

04 그룹 만들기 (더하기)

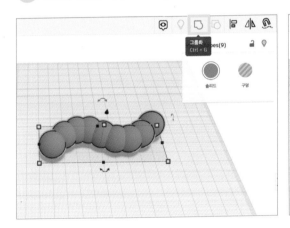
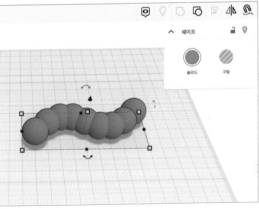

여러 개의 도형이 선택되면 오른쪽 위에 "그룹화"라는 아이콘이 진한 검정색으로 활성화됩니다. 클릭하면 선택된 도형의 주변이 빨간색으로 변경되면서 하나의 그룹이 됩니다. 그룹으로 만들려고 하는 도형이 많거나 인터넷 속도가 느리면 빨간색 선이 오랫동안 나타날 수 있는데, 이 경우에는 잠시 기다리면 됩니다. "그룹화" 단축키는 Ctrl + G 입니다.

✦ 그룹화된 도형

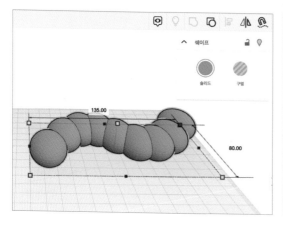 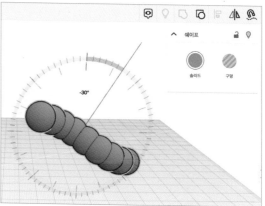

그룹이 된 도형은 이제 하나의 덩어리입니다. 그래서 크기를 바꿀 때도 같이 변하고, 회전할 때도 덩어리로 움직입니다. 도형을 이용해서 모델링을 어느 정도 진행한 다음에는 그룹으로 묶어 놓는 것이 좋습니다.

✦ 떨어진 도형의 그룹

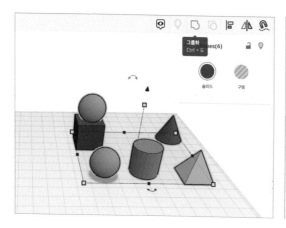 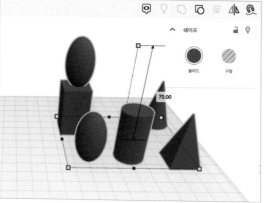

도형의 위치가 서로 붙어 있어야만 그룹이 되는 것은 아닙니다. 도형이 떨어져 있어도 그룹으로 묶을 수 있습니다. 마찬가지로 하나의 그룹이 되면 크기 변경이나 이동 및 회전이 함께 진행됩니다. 여러 색상의 도형이 하나의 그룹이 되면 그룹이 되었다는 것을 보여주기 위해 색이 하나로 통일됩니다. 그룹을 유지하면서 원래 도형의 색을 나타내는 방법은 뒷장에서 확인하세요.

✦ 그룹의 임시 해제

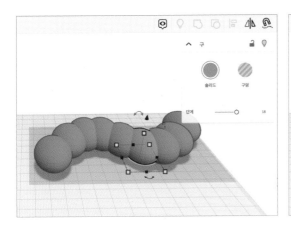 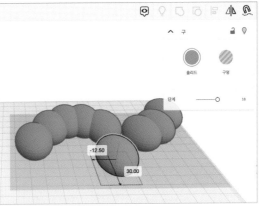

그룹으로 묶인 도형을 더블 클릭하면 그룹을 임시 해제할 수 있습니다. 임시 해제가 되면 도형 밑에 붉은색으로 작업 영역이 표시가 됩니다. 그룹을 임시 해제한 상태에서 도형을 움직여 변경할 수 있습니다. 작업을 완료하고 작업 화면의 빈 공간을 클릭하면 다시 그룹화됩니다.

✦ 그룹 해제

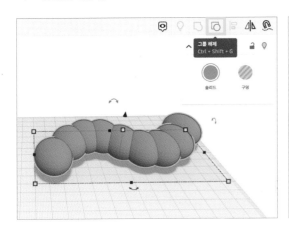 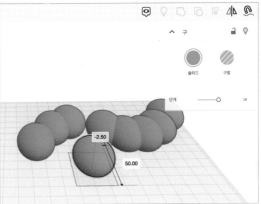

그룹으로 묶인 도형을 다시 풀 수 있습니다. 그룹화된 도형을 선택하면 오른쪽 위에 "그룹 해제"라는 메뉴가 진한 검정색으로 활성화됩니다. 단축키로는 Ctrl + Shift + G 입니다. "그룹 해제" 버튼을 누른 다음 작업 화면의 빈 공간을 클릭하면 됩니다. 그러고 나서 다시 도형을 선택해 보면, 그룹화되기 전의 형태로 도형이 각각 풀려 있는 것을 확인할 수 있습니다.

도형의 색상 바꾸기

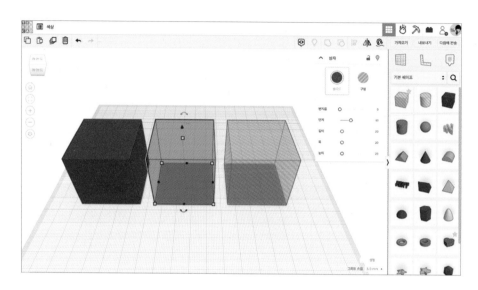

틴커캐드의 도형은 크게 3가지 형태로 색이 나타납니다. 각각 불투명한 단색 도형, 색이 있는 투명 도형, 빗살무늬가 있는 회색 도형입니다. 단색과 색이 있는 투명 도형은 솔리드 도형이며 기능이 같습니다. 빗살무늬의 회색 도형은 구멍 도형으로 "빼기" 기능을 가지고 있습니다.

✦ 도형의 색 바꾸기

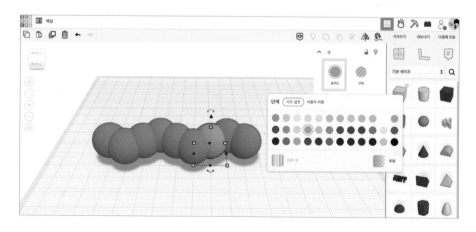

도형의 색상은 도형을 클릭하면 나타나는 팝업 메뉴에서 바꿉니다. 솔리드 글자 위에 색을 표시하는 동그라미를 누르면 다양한 색으로 바꿀 수 있습니다. 이곳을 솔리드 팔레트라고 부르겠습니다.

✦ 색의 사용자 설정

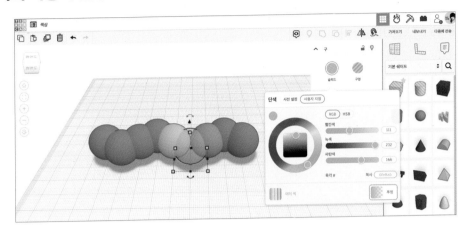

솔리드의 색상을 눌러 나타난 메뉴에서 "사용자 지정"을 클릭하면 더 다양하게 색을 바꿀 수 있습니다. 사용자 지정으로 만든 색을 다른 도형에도 적용하고 싶다면 "복사"를 눌러 색의 정보를 복사합니다. 그다음 다른 도형의 색상창을 열어서 같은 정보를 붙여넣기 하면 됩니다. 도형을 선택하고 "투명"을 누르면 색은 가지고 있으면서 안이 보이는 투명 도형이 됩니다.

✦ 그룹화된 도형에 여러 색 나타내기

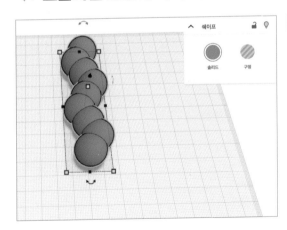 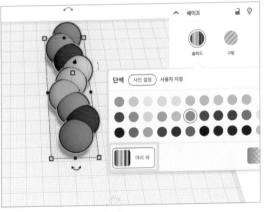

다른 색으로 구성된 도형을 그룹으로 만들면 색이 하나로 통일됩니다. 그룹화되었지만 각각의 도형에 색을 나타내고 싶다면, 색상창에서 "여러 색"을 눌러 주면 됩니다. 그룹화된 도형에서는 투명 도형은 표현되지 않습니다. 그룹이 된 다음에는 도형 각각의 색을 바꿀 수 없으니, 그룹을 만들기 전에 색을 바꾸고 그룹을 만들어야 합니다.

13 그룹 만들기 2: 구멍 도형과 빼기

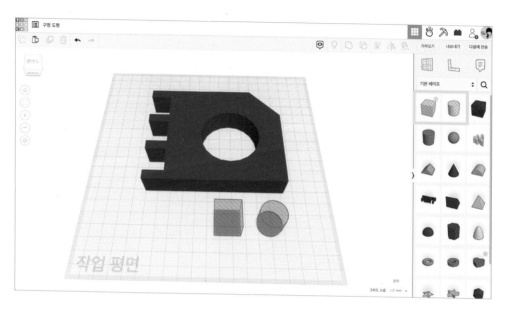

빗살무늬의 회색 도형은 색이 있는 도형과 기능이 다릅니다. "구멍 도형"이라고 불리며 겹쳐
진 부분을 빼는 기능을 가지고 있습니다.

✦ 도형의 빼기

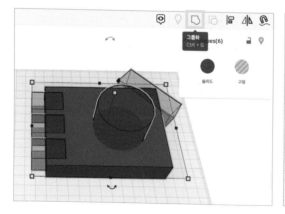
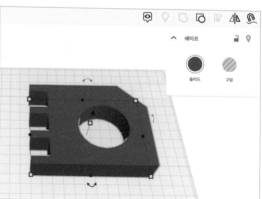

색이 있는 솔리드 도형과 빗살무늬의 회색 "구멍 도형"을 서로 겹쳐 놓습니다. 그다음 앞서
그룹에서 배운 방법으로 여러 개의 도형을 한꺼번에 선택합니다. "그룹"을 눌러 주면 구멍 도
형이 겹쳐져 있는 부분이 사라지면서 도형에서 도형 빼기가 됩니다.

✦ 구멍 도형 정확하게 겹치기

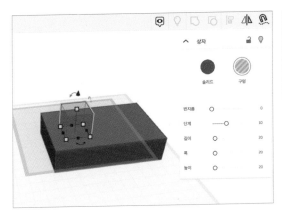 

빨간색 상자 도형을 "작업 평면"에 둡니다. 그다음 상자 구멍 도형을 가져옵니다. 도형 위에 마우스를 가져가면 자석 기능이 활성화되어 있기 때문에 도형 위에 올라갑니다. 이 상태에서 그룹을 진행하면 도형이 서로 겹쳐 있지 않기 때문에 구멍이 뚫리지 않습니다.

✦ 구멍 도형 높여서 사용하기

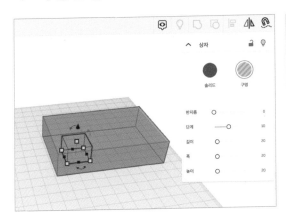 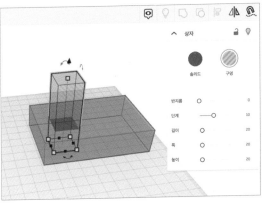

구멍 도형의 높이가 낮으면 도형 안에 도형이 들어가 눈에 안 보입니다. 겹친 부분만 사라지기 때문에 구멍 도형은 더 길어도 됩니다. 꼭 색이 있는 도형과 높이를 맞출 필요는 없습니다. 구멍 도형은 눈에 잘 보이게 높이를 길게 만들어 사용합니다.

모든 도형을 구멍 도형으로

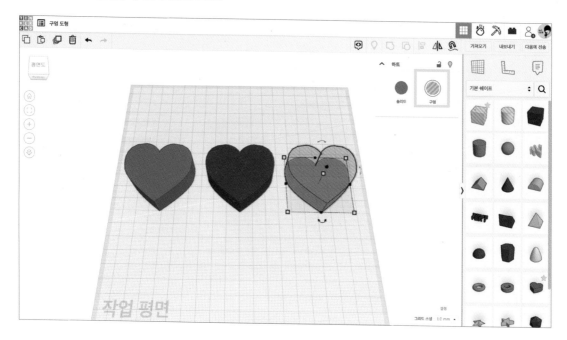

도형의 색을 바꾸는 방법은 앞에서 살펴봤습니다. 도형의 색상을 바꾸는 솔리드 색상 옆에 "구멍"이 있습니다. 이 기능을 사용하면 해당 도형을 구멍 도형으로 바꿀 수 있습니다.

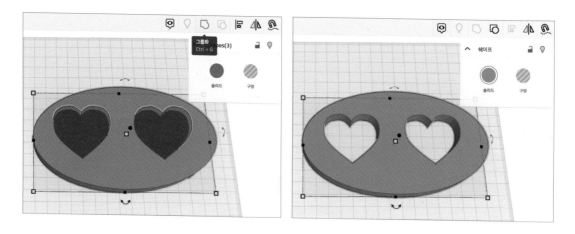

하트 도형을 가져와 구멍 도형으로 바꿉니다. 구멍 도형이 된 하트 도형을 하나 더 복사 및 붙여넣기 한 다음 전체를 선택하고 그룹화해서 구멍을 뚫어 봅니다. 구멍 도형만 겹쳐 놓는다고 구멍이 뚫리지 않습니다. 항상 그룹화까지 해야 구멍이 뚫립니다.

✦ 구멍과 홈

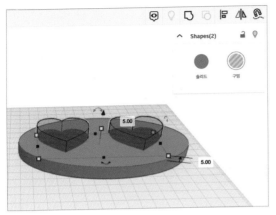 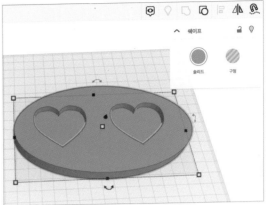

처음부터 끝까지 뻥 뚫린 것을 "구멍"이라고 하고, 바닥은 뚫리지 않고 모양만 파이면 "홈"이라고 합니다. 구멍 도형의 위치를 조정하면 홈도 만들 수도 있습니다. 하트 구멍 도형을 선택해서 Z축 방향으로 위로 5mm 이동했습니다. 그리고 전체를 선택하여 그룹을 만들어 하트 모양의 홈을 만들었습니다.

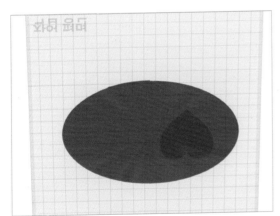 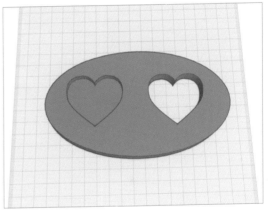

구멍과 홈을 정확하게 확인하고 싶다면, 화면을 돌려 뒤집어서 봅니다. 구멍이 뚫렸을 경우에는 바닥면에서도 구멍 도형이 보입니다. 반면 홈은 바닥면에 구멍 도형이 보이지 않습니다. 구멍 도형의 위치를 활용하여 자유롭게 구멍과 홈을 구분하여 만들 수 있습니다.

✦ 구멍 도형끼리 그룹 만들기

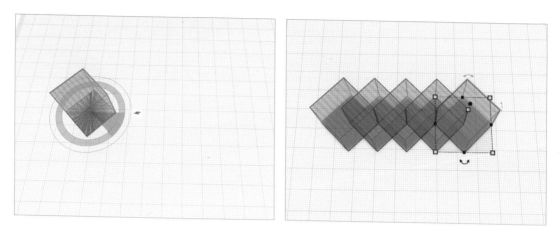

상자 구멍 도형을 "작업 평면" 위에 가져옵니다. Z축을 중심으로 상자 도형을 45° 회전시켜
줍니다. 회전된 도형을 선택하고 Ctrl + C 를 한 번 눌러 복사합니다. 그다음 Ctrl + V 를 반
복적으로 눌러 도형을 여러 개 복사합니다.

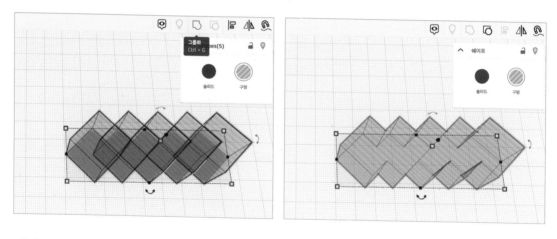

여러 개의 구멍 도형이 생겼습니다. 바깥쪽에서부터 드래그해서 구멍 도형을 한꺼번에 선택
해 줍니다. 그다음 "그룹화"를 누릅니다. 구멍 도형은 구멍 도형끼리 하나의 그룹을 만들 수
있습니다.

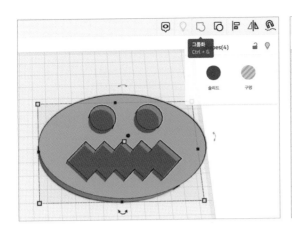
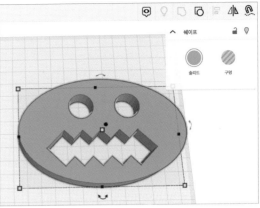

그룹으로 만들어진 구멍 도형과 원기둥의 구멍 도형을 가져옵니다. 색이 있는 솔리드 도형을 추가로 가져와 모양을 잡아 줍니다. 전체를 선택하고 "그룹화"를 누릅니다. 그룹화된 구멍 도형을 사용하여 모델링할 수 있습니다.

✦ 그룹 도형을 구멍 도형으로 활용하기

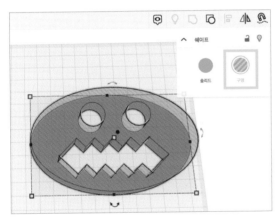

그룹을 통해서 만들어진 도형이라도 다시 구멍 도형이 될 수 있습니다. 이처럼 구멍 도형을 이용하여 그룹을 반복하면서 만들고, 때로는 구멍 도형으로 만들어 사용하면서 기본 도형들을 내가 원하는 형태로 모델링할 수 있습니다.

손그림

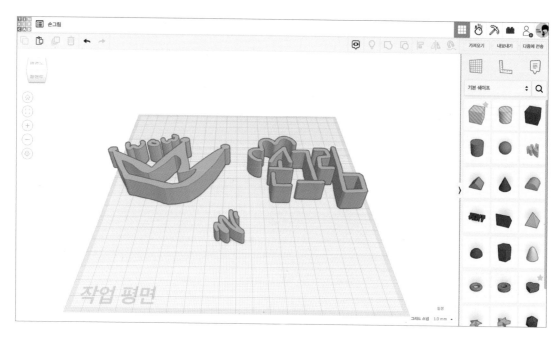

자유롭게 그림을 그려 모델링하는 "손그림(Scribble)" 기능을 사용해 봅니다. 이 기능을 모델링에 응용하는 다양한 방법을 소개합니다.

✦ 손그림 시작하기

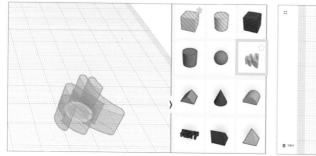

"도형 메뉴"에서 손그림을 클릭하고 "작업 평면"을 클릭해 줍니다. 그러면 화면이 평면으로 바뀝니다. 기본 기능은 연필로 선을 그리는 것입니다. 마우스 클릭으로 자유롭게 그림을 그립니다. 글씨를 써도 좋습니다. 손그림으로 그리는 선의 두께는 조절할 수 없습니다.

✦ 손그림 지우기

 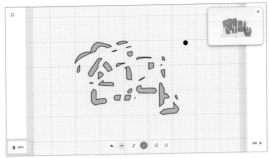

손그림 기본 기능 중 연필 옆에 지우개를 클릭합니다. 선을 그렸던 연필과 반대로 그린 부분을 지울 수 있습니다. 지우개를 이용해서 깨끗이 지우는 건 어렵습니다. 덜 그려진 작은 조각이 남으면 그대로 3D 모델링에 나타납니다. 전체를 깨끗이 지우고 싶다면 왼쪽 아래 있는 휴지통 모양의 "지우기"를 클릭합니다.

✦ 쉐이프를 사용하여 그리기와 지우기

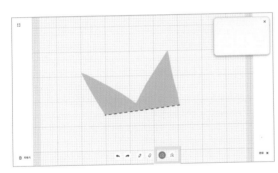 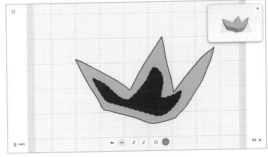

아래 중앙에는 별 모양의 선과 점선으로 나타난 아이콘이 있습니다. "쉐이프 그리기"는 그리는 영역을 따라서 안이 채워진 면으로 나타납니다. "쉐이프를 사용하여 지우기"는 그리는 영역을 따라서 채워진 면으로 삭제됩니다. 넓은 면적의 색칠이 필요할 때는 "쉐이프 그리기"가 좋습니다. 선과 면의 기능을 필요에 알맞게 사용합니다.

✦ 손그림 완료와 다시 수정하기

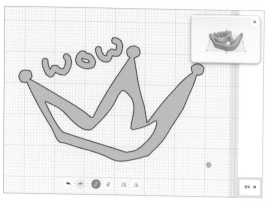 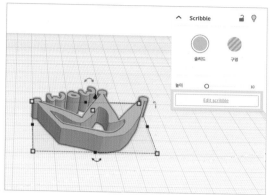

원하는 그림을 모두 그렸으면 오른쪽 아래의 "완료" 버튼을 클릭합니다. 그러면 원래 "작업 평면"이 있는 화면으로 돌아갑니다. 완성된 손그림을 수정하고 싶다면 그려진 도형을 선택합니다. 그러면 활성창에 나타난 "Edit scribble"을 클릭해 다시 손그림 작업 화면으로 돌아가 수정할 수 있습니다.

✦ 손그림의 구멍 도형 활용

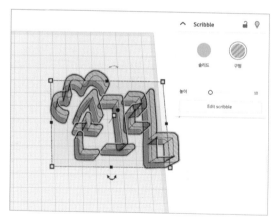 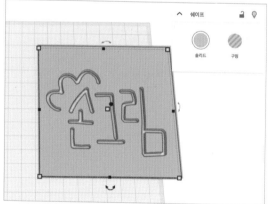

손그림도 색이 있을 때는 솔리드 도형 또는 구멍 도형으로 변경할 수 있습니다. 손그림을 구멍 도형으로 만들어서 다른 도형에 구멍을 뚫어 봅니다. 그룹을 진행한 다음에는 손그림을 수정할 수 없습니다. 손그림을 수정하고 싶다면 먼저 그룹을 풀고 진행해야 합니다.

✦ 손그림의 모델링 활용

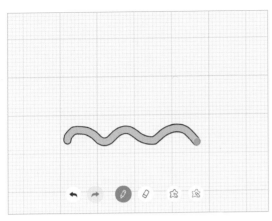
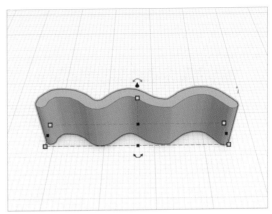

손그림으로 단면의 그림이나 글씨뿐만 아니라, 모델링 자체에도 응용할 수 있습니다. 특히 틴커캐드는 물결 같은 둥근 곡면을 가진 도형을 만들기 어려운데, 이럴 때 손그림을 이용하면 좋습니다. 손그림 기능으로 물결 모양의 선을 그립니다.

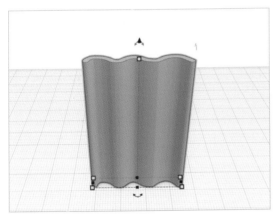
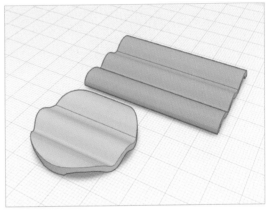

손그림을 완료하고, 도형의 높이를 키워 줍니다. 도형을 회전하고 구멍 도형을 사용하여 둥글게 잘라 주면 감자칩 모양도 만들 수 있습니다. 이렇게 손그림에 도형을 더하거나 빼서 다양한 모양으로 모델링에 응용할 수 있습니다.

저장하기와 파일 내보내기

✦ 자동 저장과 이름 바꾸기

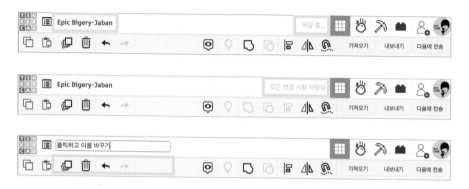

틴커캐드에는 저장하기 버튼이 따로 없습니다. 작업 과정 중에 바로바로 클라우드에 자동으로 저장되는 시스템입니다. 모델링 작업이 조금만 바뀌어도 오른쪽 상단에 "저장 중…"이라고 나타났다가 금세 "모든 변경 사항 저장됨"이라고 바뀌는 것을 볼 수 있습니다. 파일의 이름을 바꾸고 싶으면 이름을 클릭하고 원하는 이름을 입력하면 됩니다.

✦ 저장 파일의 확인

왼쪽 위의 알록달록한 틴커캐드 로고를 누르면 처음 로그인할 때 나타나는 대시보드 화면으로 이동합니다. 대시보드 화면에서는 그동안 작업했던 3D 모델링 파일을 모두 확인할 수 있습니다. 작업을 이어서 하고 싶으면 마우스 커서를 원하는 파일 위에 가져가 "이 항목 편집"이라는 버튼을 클릭합니다. 인터넷이 되는 환경이라면 어디서든 로그인하여 모델링 작업을 이어서 할 수 있습니다.

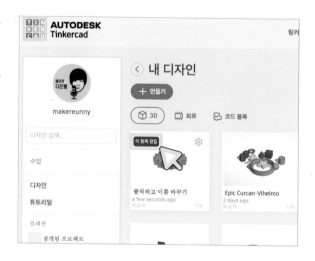

✦ 3D 프린팅을 위한 파일로 내보내기

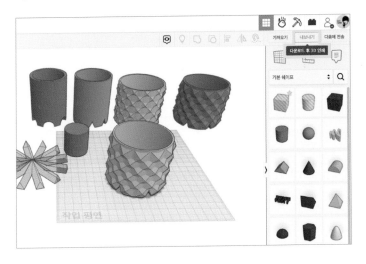

3D 프린팅을 위한 모델링 파일로 내보내겠습니다. 오른쪽 위의 "내보내기"를 클릭합니다. "작업 평면"에는 여러 개의 도형들이 있지만 아무것도 선택된 게 없습니다. 이 상태에서는 "디자인에 있는 모든 것"이 선택됩니다. "작업 평면"의 모든 모양이 하나의 파일로 나가게 됩니다. 3D 프린팅을 할 때는 모델링이 묶여 있으면 불편합니다.

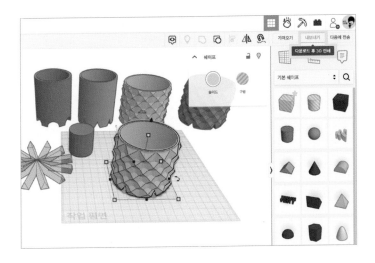

"작업 평면"에서 파일로 내보내고 싶은 도형 하나를 선택합니다. 선택된 도형은 하나의 그룹으로 묶여 있는 것이 좋습니다. 그다음 "내보내기"를 클릭하면 "선택한 쉐이프"라는 항목이 체크되어 있습니다. 선택된 모델링 파일만 내보내기가 진행됩니다. 가장 많이 사용하는 포맷인 .STL을 클릭합니다. 그러면 1~2분 이내에 모델링 파일이 다운로드됩니다. 다운로드된 .STL 파일은 사용하는 3D 프린터에 맞는 슬라이싱을 진행 후 출력합니다.

구멍 도형을 사용하여 다양한 얼굴 만들기

구멍 도형을 사용하여 얼굴 표정을 다양하게 표현해 봅니다. 기본 구멍 도형을 사용해 보고, 구멍 도형이 아닌 도형도 구멍 도형으로 바꿔서 뚫어 봅니다. 구멍 도형을 합쳐서도 다양한 모양을 만들어 봅니다. 구멍 도형을 사용할 때는 색이 있는 솔리드 도형과 겹쳐져 있어야 합니다.

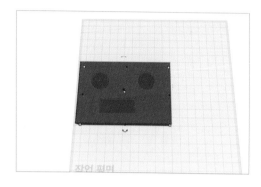
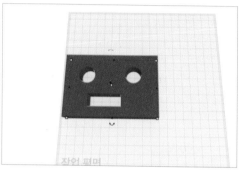
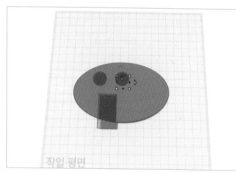
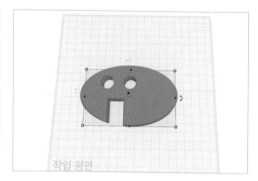
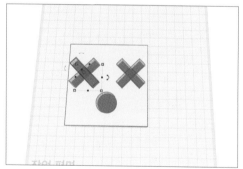
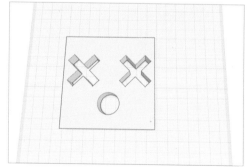

손그림 도형을 사용하여 다양한 얼굴 만들기

손그림 도형을 사용하여 다양한 표정을 그려 봅니다. 구멍 도형으로 만들어 모델링에 사용해 봅니다. 손그림으로 표정뿐만 아니라 머리, 액세서리 등 다양한 아이템을 그려 사용해 봅니다. 손그림 도형과 구멍 도형을 함께 사용하여 재미난 표정도 만들어 봅니다.

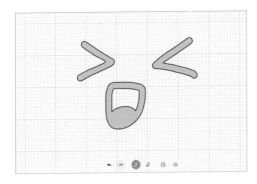
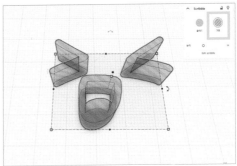

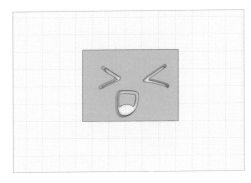
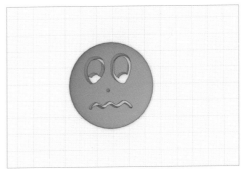

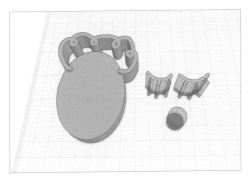
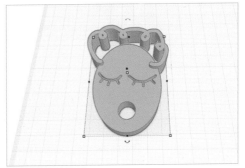

3D 디자인 응용하기

도형을 복제해 패턴을 만들고, 모델링을 대칭시키고, 그림 파일을 가져
와 활용하는 등 복합적인 방법으로 3D 디자인을 만들어 봅니다.

기본 도형 수정하기

✦ 상자 도형 수정하기

 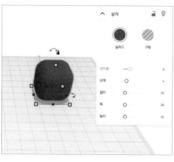 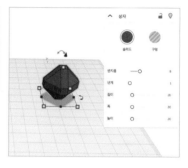

기본 상자 도형을 가져오면 나타나는 수정창에서 값을 변경해 봅니다. "반지름" 값을 올리면 모든 모서리가 둥글게 변합니다. "단계" 값을 내리면 둥글진 모서리가 각진 모서리로 바뀝니다. "길이·폭·높이"는 상자 도형의 크기를 바꿔 줍니다.

✦ 원통(원기둥) 도형 수정하기

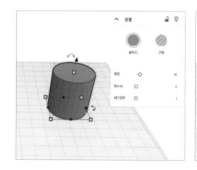 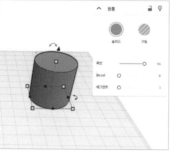 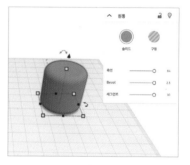

원통 도형을 가져오면 "측면"의 값은 20으로 설정되어 있습니다. 원통이 20개의 면으로 이루어져 있다는 뜻입니다. 온라인에서 원활한 작업을 위해 기본적으로 원을 각지게 표현합니다. 원통을 더 둥글게 표현하고 싶다면 "측면" 값을 최댓값인 64로 올려 사용합니다. "Bevel, 세그먼트" 값을 최대로 올리면 원통의 모서리가 둥글게 나타납니다.

✦ 구 도형 수정하기

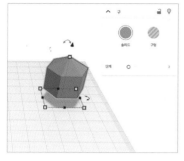 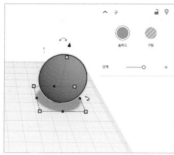 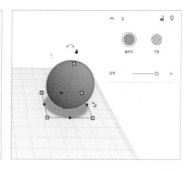

구 도형을 가져오면 "단계" 값이 18로 설정되어 있습니다. 값을 낮추면 면의 개수가 줄어들면서 다각형으로 표현됩니다. 둥근 구를 사용하고 싶다면 "단계"를 최댓값인 24로 높여서 사용합니다.

✦ 튜브 도형 수정하기

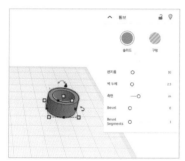 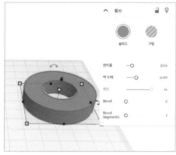 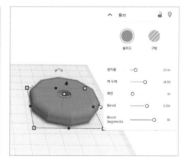

튜브 도형은 "반지름"과 "벽 두께" 값을 조정하면 두꺼운 튜브를 만들 수 있습니다. 파란색 토러스 도형도 마찬가지입니다. 튜브 도형을 선택해 흰색 네모 점을 움직여서 크기를 바꾸면, 모양은 바뀌지만 수정창에 있는 숫자 값은 바뀌지 않습니다. 두께는 수정창에서만 바꿀 수 있습니다. 슬라이드 바를 움직이거나 숫자를 클릭한 다음 원하는 숫자를 입력합니다.

원통과 마찬가지로 둥근 튜브를 사용하고 싶다면 "측면" 값을 최댓값인 64로 올려서 사용합니다.

✦ 폴리곤(N각 기둥) 수정하기

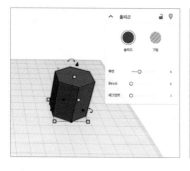 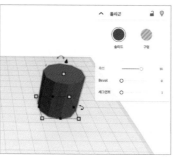 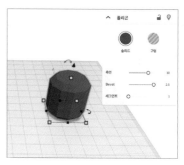

폴리곤은 기본 "측면" 값이 6인 6각 기둥입니다. "측면" 값을 10으로 수정하면 10각 기둥으로 나타납니다. "Bevel" 값을 올리면 모서리가 사신으로 깎입니다. "Bevel"과 "세그먼트" 값을 같이 높이면 둥근 모서리가 나타납니다.

✦ 피라미드(N각 뿔) 수정하기

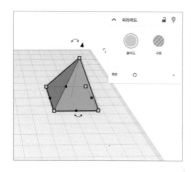 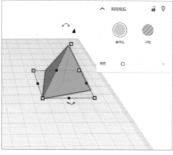 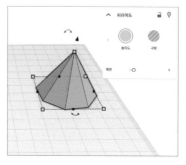

"측면" 값이 4인 4각 기둥, 즉 피라미드 모양입니다. "측면" 값을 최솟값인 3으로 내리면 모든 면이 삼각형인 정사면체가 나타납니다. "측면" 값을 8로 높이면 8각 뿔이 나타납니다.

✦ 원추(원뿔) 수정하기

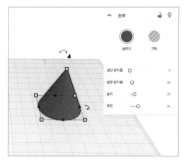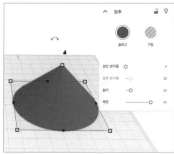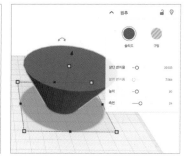

원추 도형에서 "상단 반지름"이 0이면 한 점으로 모인 뾰족한 원뿔 모양입니다. "밑면 반지름" 값을 늘리면 밑면의 원의 반지름이 커집니다. "상단 반지름"을 늘리면 윗면의 원의 반지름이 커지면서 종이컵 모양을 만들 수 있습니다. 원통과 마찬가지로 둥근 원추를 사용하고 싶으면 "측면" 값을 최댓값인 64로 높여서 사용합니다.

✦ 별 수정하기

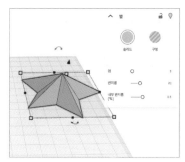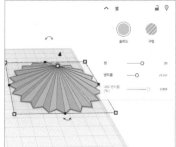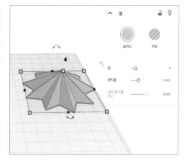

하늘색 별 도형의 "점"의 개수는 기본적으로 5개입니다. 점의 수를 늘리면 별의 뾰족한 모서리가 더 많이 생깁니다. "내부 반지름" 값이 커지면 커질수록 안으로 들어가는 삼각형이 밋밋해지면서 N각 뿔 모양에 가까워집니다. "내부 반지름" 값이 작아지면 모서리가 더 뾰족한 별 모양을 만들 수 있습니다. 하지만 너무 작으면 부피를 표현할 수 없기 때문에 "내부 반지름" 값은 0.1 이상을 사용합니다.

✦ 링 수정하기

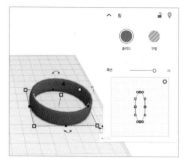 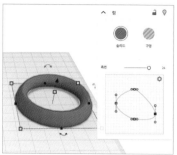 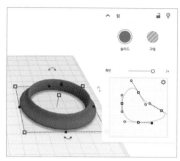

링은 단면의 모양을 수정할 수 있습니다. 수정창에 나타난 단면의 모양에서 점을 움직이고,
핸들을 잡아당겨 모양을 바꿔 봅니다. 단면의 모양을 360° 회선한 형태로 화면에 나타납니다.
"측면" 값을 낮추면 다각형의 링 모양으로 바뀝니다.

✦ 수정하기 기능이 없는 도형

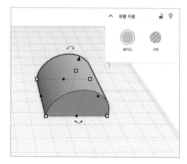 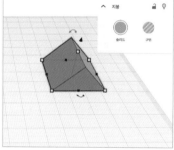 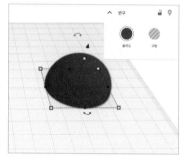

모든 도형에 수정창이 있는 것은 아닙니다. 도형을 가져왔을 때 수정창이 없는 도형들도 있
습니다. 수정창이 있는 도형도 다른 도형과 그룹화되면 수정할 수 없습니다. 수정창을 사용
하기 위해서는 도형이 그룹으로 묶여 있지 않은 상태여야 합니다.

02 도형 대칭, 뒤집기

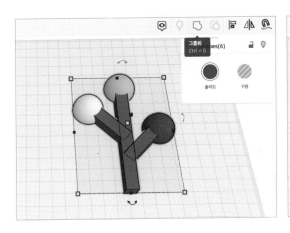
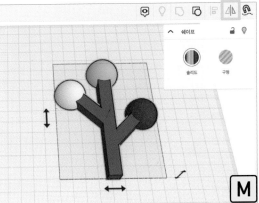

모델링 작업을 하다 보면 반대쪽에 같은 모양을 두어야 할 때가 생깁니다. 이럴 때는 도형을 복사 및 붙여넣기 한 다음 대칭 기능을 사용하면 좋습니다. 도형이 여러 개라면 먼저 하나의 그룹으로 만든 뒤 대칭으로 뒤집습니다. 도형을 선택하고 작업 메뉴의 오른쪽 위에 있는 대칭 아이콘을 클릭합니다. 단축키는 M으로, 거울을 뜻하는 Mirror의 약자입니다.

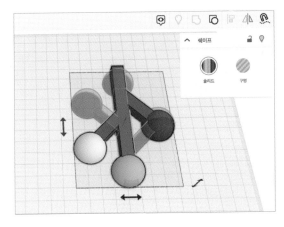
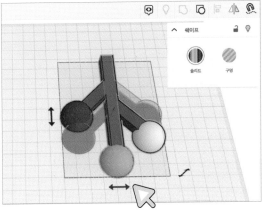

대칭 기능이 실행되면 도형 주변에 검정색 화살표가 나타납니다. 화살표에 마우스 커서를 가져가면 도형이 뒤집히는 방향이 주황색 미리보기로 나타납니다. 원하는 모양이 맞으면 검정색 화살표를 클릭합니다. 그러면 모양이 좌우, 위아래로 뒤집힌 형태로 나타납니다.

대칭 기능 대신 회전하는 기능을 이용해 180°를 회전해도 됩니다.

도형 정렬

✦ 도형이 모두 움직이는 정렬

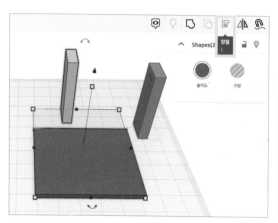 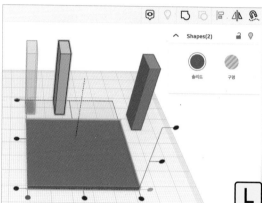

노란색 기둥과 빨간색 상자 도형을 왼쪽, 위쪽 모서리로 정렬해 보겠습니다. 먼저 Shift 를 누르고 노란색과 빨간색 두 도형을 클릭합니다. 두 도형이 함께 선택되면 작업 메뉴 오른쪽 위에 "정렬" 기능이 검정색으로 활성화됩니다. "정렬" 아이콘을 클릭하거나 단축키 L 을 누릅니다.

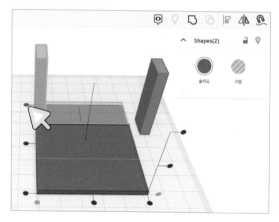 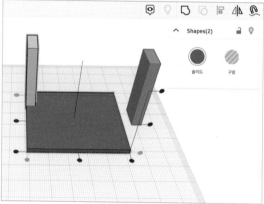

도형 주변에 검정색 동그라미 점들이 나타납니다. 점의 위치가 왼쪽 정렬, 중간 정렬, 오른쪽 정렬을 의미합니다. 왼쪽, 위쪽 모서리에 도형을 정렬하기 위한 검정색 점을 클릭합니다. 그러면 노란색 기둥과 빨간색 상자 도형이 한쪽 모서리에 맞게 모두 움직이며 정렬됩니다.

✦ 기준 도형은 안 움직이는 정렬

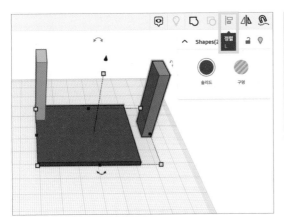 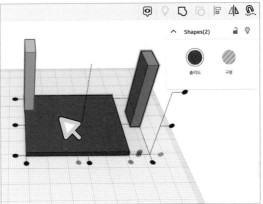

이번에는 파란색 기둥과 빨간색 상자 도형을 오른쪽, 아래 모서리로 정렬해 보겠습니다.
이번에는 빨간색 도형은 움직이지 않고 파란색 기둥만 움직여 정렬합니다. [Shift]를 누르고
파란색과 빨간색 두 도형을 클릭합니다. "정렬" 아이콘을 클릭합니다. 그다음 움직이지 않고
기준이 될 빨간색 도형을 클릭합니다.

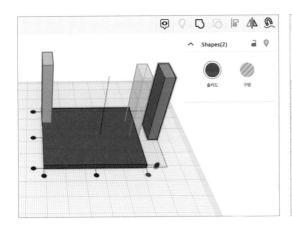 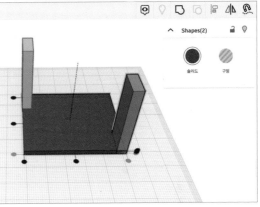

그러면 빨간색 도형을 중심으로 정렬을 위한 검정색 점들이 나타납니다. 이 상태에서 정렬을
진행하면 빨간색 도형은 움직이지 않습니다. 대신 파란색 기둥 도형만 움직이면서 정렬하게
됩니다. 정렬이 완료된 도형은 마우스로 인해 쉽게 틀어질 수 있기 때문에 그룹으로 묶어 놓
는 것이 좋습니다.

모서리 둥글리기

✦ 수정창에서 모서리 둥글리기

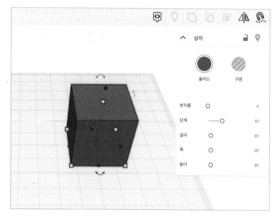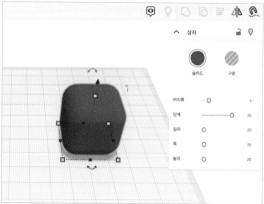

상자 도형을 가져와 수정창을 확인합니다. "단계" 값을 높이고 일정 값 이상의 "반지름"을 입력하면 모서리가 둥글어집니다. 하지만 이 기능은 상자 도형의 모든 모서리를 둥글게 만듭니다. 특정 모서리만 둥글게 만들고 싶다면 구멍 도형을 만들어서 이용합니다.

✦ 모서리 둥글리는 구멍 도형 만들기

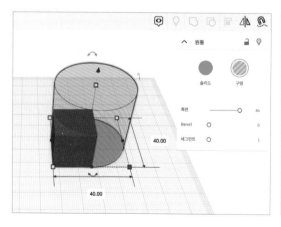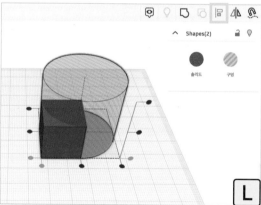

기본 상자 도형을 가져옵니다. 상자 도형의 크기는 가로·세로·높이가 모두 20mm입니다. 구멍 원통 도형을 가져와 가로와 세로를 40mm로 만듭니다. 원통의 높이는 20mm 이상이면 됩니다. 원통 도형의 "측면" 값을 64로 높여 줍니다. 두 도형을 선택해서 왼쪽, 아래 모서리에 맞춰 정렬시킵니다.

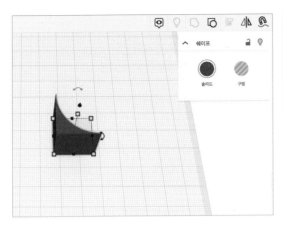 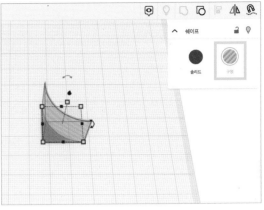

상자 도형과 구멍 원통 도형을 함께 선택한 다음 "그룹화"를 눌러 줍니다. 겹쳐진 부분이 사라지면서 위 그림과 같은 도형이 남게 됩니다. 빨간색의 솔리드 도형을 "구멍" 기능을 눌러 구멍 도형으로 바꿔 줍니다. 특정 모서리를 둥글게 만들어 줄 구멍 도형이 만들어졌습니다.

✦ 한쪽 모서리만 둥글게 만들기

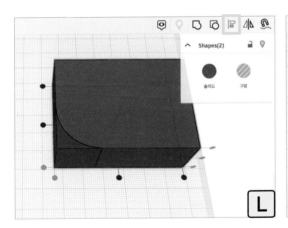 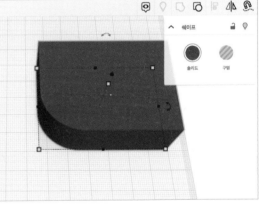

앞서 만든 구멍 도형과 모서리를 둥글게 만들고 싶은 도형을 가져옵니다. 둥글게 만들고 싶은 모서리에 맞춰 정렬을 진행합니다. 정렬한 다음 "그룹화"를 눌러 줍니다. 그러면 한쪽 모서리만 둥글게 만들 수 있습니다.

쉘처럼 만들기 (일정 두께 남기기)

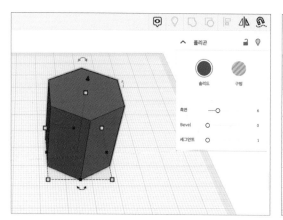 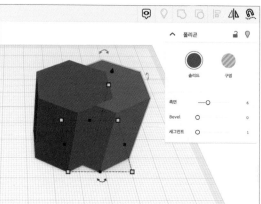

모델링에서 일정 두께를 남기고 내부의 형상을 없애는 기능을 쉘이라고 합니다. 아쉽지만 틴
커캐드에는 쉘 기능이 없습니다. 그 대신 같은 모양의 크기가 작은 도형을 이용해 쉘 기능처
럼 활용하는 방법을 알아보겠습니다. 우선 "폴리곤" 도형을 하나 가져온 다음 복사 및 붙여넣
기로 두 개의 도형을 만들어 준비합니다.

✦ 크기가 작은 구멍 도형 준비

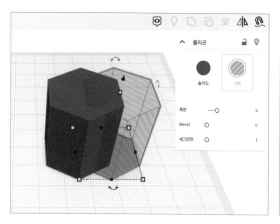 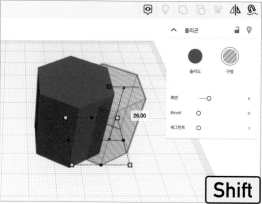

복사한 도형은 "구멍" 기능을 클릭해 줍니다. 그다음 Shift 를 누른 채 비율을 유지한 상태에
서 크기를 조금 줄여 줍니다. 구멍 도형의 크기를 많이 줄이면 나중에 남는 두께가 두껍고,
구멍 도형의 크기를 조금 줄이면 나중에 남는 두께가 얇습니다.

✦ 두 도형의 정렬

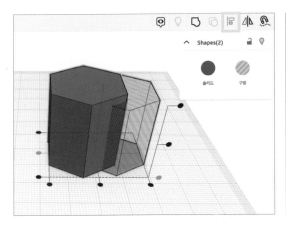
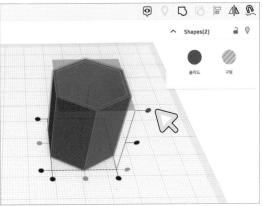

Shift 를 누르고 솔리드 상태의 폴리곤 도형과 크기가 작은 구멍 상태의 폴리곤 도형을 함께 선택합니다. 그다음 정렬 기능을 실행합니다. "기준 평면"에서 두 도형은 가운데 정렬입니다. Z축 방향의 상단은 위쪽 정렬해 줍니다.

✦ 모서리 둥글리는 구멍 도형 만들기

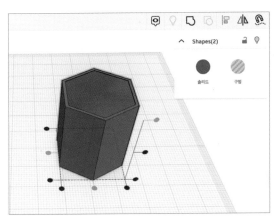
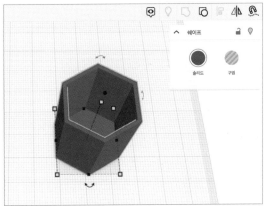

위 사진과 같이 정렬된 곳의 검정 동그라미가 회색으로 나타난다면 정렬이 제대로 된 것입니다. 정렬을 완료한 다음 두 도형을 선택하고 "그룹화"를 눌러 줍니다. 그러면 구멍 도형과 겹쳐진 부분이 빠지면서 일정 두께가 남은, 셀 기능을 이용한 도형처럼 됩니다.

06 글자 모델링

✦ 기본 글자 (TEXT)

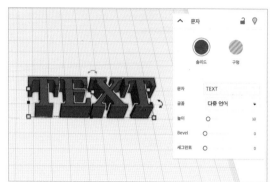
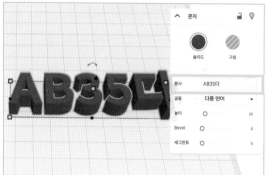

"도형 메뉴"에서 기본 글자를 모델링하는 "TEXT"를 "작업 평면" 위에 가져옵니다. 오른쪽에 나타나는 수정창의 "문자" 항목에 써 있는 글자를 지우고 원하는 글을 입력합니다. 입력한 그대로 모델링으로 나타납니다. 영어 · 한글 · 숫자 모두 입력 가능합니다.

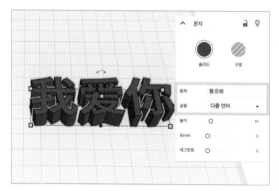
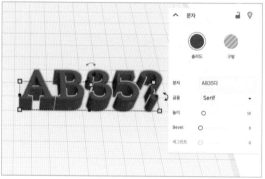

기본 "글꼴"은 "다중 언어"로 되어있습니다. 이때는 일본어나 한자 등 다른 나라 언어도 모델링으로 표현됩니다. 하지만 다중 언어 이외의 글꼴로 변경하면 한글이 나타나지 않고 물음표로 나타납니다. 한글을 모델링으로 사용하고 싶다면 "다중 언어" 글꼴에서만 작업합니다.

다양한 글자 모델링 기능

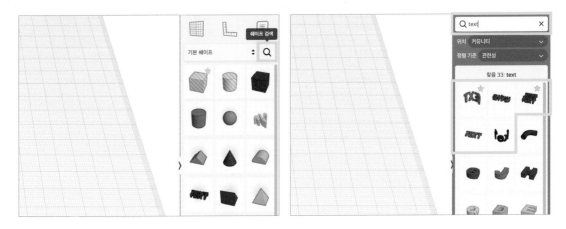

틴커캐드에는 기본 도형 말고도 다양한 도형이 있습니다. "기본 쉐이프"를 눌러 다양한 도형을 구경해 봅니다. 도형이 너무 많아 찾기 어려울 때는 검색을 사용하면 좋습니다.

"도형 메뉴" 오른쪽의 돋보기 모양 아이콘을 클릭합니다. 검색창에 "text"를 입력하면 글자 모델링의 다양한 기능을 확인할 수 있습니다.

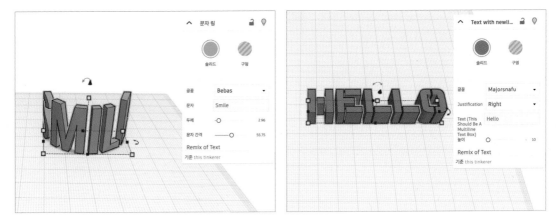

아쉽지만 추가로 검색되어 나온 글자 도형의 기능에서 한글은 사용할 수 없습니다.

"문자 링" 기능은 입력된 글자를 세워진 둥근 형태의 모양으로 만들어 주는 기능입니다. "Text with newline support"의 기능 중에 "Majorsnafu" 글꼴은 글자의 모양을 3D 프린터나 레이저 커터에 사용 적합하게 디자인해 줍니다. 중간에 끊겨서 사라지는 도형이 없습니다.

그림 파일 모델링으로 가져오기

틴커캐드에서는 그림 파일을 가져와 모델링에 활용할 수 있습니다. "가져오기" 기능을 통해 불러올 수 있는 그림 파일의 형식은 "SVG"입니다. SVG 파일은 2D 형식의 벡터 그림 파일로, 일러스트레이터와 같은 프로그램에서 만들 수 있습니다. 또는 기존의 사진 파일을 SVG로 변환하여 모델링에 사용할 수도 있습니다.

✦ 이미지 검색하기

이미지를 검색해서 SVG로 변환해 봅니다. 먼저 구글에서 이미지를 검색합니다. SVG로 변환하기 위해서는 흑백 이미지가 좋습니다.

구글 이미지 검색에서 도구의 색상을 흑백으로 설정하면 흑백 이미지만 검색할 수 있습니다. 원하는 이미지를 저장합니다.

Tip 무료 프로그램 잉크 스케이프

무료 3D 모델링 프로그램으로 틴커캐드가 있다면, 무료 벡터이미지 편집 프로그램에는 잉크 스케이프가 있습니다. 잉크 스케이프도 배워 보면 어떨까요?
유튜브 판쌤 작업실: https://www.youtube.com/@user-ke2oo4ob5c/featured

✦ 이미지를 SVG 파일로 변환하기

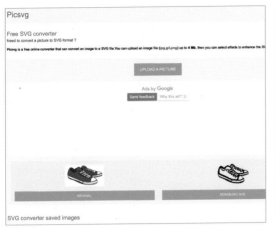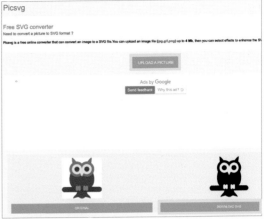

JPG, PNG 이미지 파일을 SVG 파일로 변환해 주는 대표 사이트로는 picsvg.com이 있습니다. 사이트에 들어가면 샘플 SVG 파일을 받을 수 있습니다. 새로고침을 누르면 샘플 이미지가 바뀝니다. 선이 지저분한 파일보다는 선이 단조롭고 깔끔한 파일이 좋습니다. 결과물이 마음에 들면 "Download SVG"를 클릭합니다.

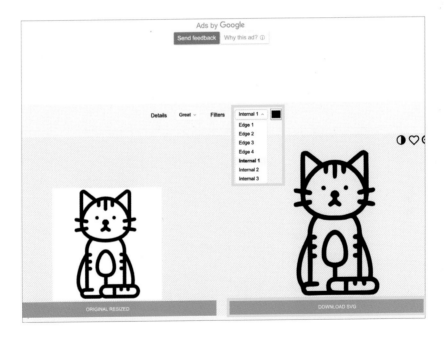

자신이 갖고 있는 그림 파일을 SVG로 변환하기 위해 "UPLOAD A PICTURE"를 클릭해 업로드합니다. 업로드한 파일의 "Filters"를 변경해 보면서 원하는 SVG 이미지가 맞는지 확인합니다. 그다음 "DOWNLOAD SVG"를 클릭해서 파일을 다운받습니다.

✦ 틴커캐드에서 SVG 파일 불러오기

다시 틴커캐드로 돌아옵니다. "작업 메뉴"의
위쪽에 보면 "가져오기"가 있습니다. "가져
오기"를 클릭합니다.

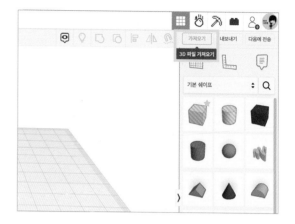

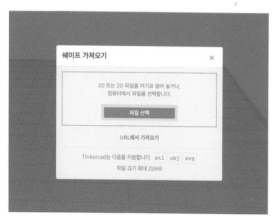

파일을 선택하는 창이 나타납니다. 앞에서 다운받은 혹은 준비된 SVG 형태의 파일을 선택합
니다. 그림의 크기에 따라 모델링을 매우 크게 가져올 수 있습니다. "치수" 값이 150이 넘어
간다면 기본 100%였던 "축척" 값을 낮춰서 가져옵니다. 단, 너무 작게 모델링을 가져오지 않
도록 합니다.

변환한 SVG 파일이 모델링으로 나타났습니
다. Shift 를 누른 상태로 흰색 네모 점을 잡아
당기거나 줄여서 원하는 크기로 맞춥니다.

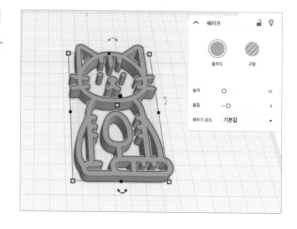

✦ SVG 파일 모델링의 다양한 응용

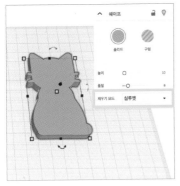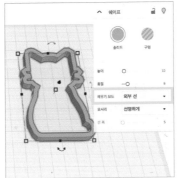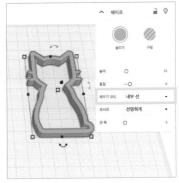

SVG 파일로 가져온 모델링은 "채우기 모드"를 변경할 수 있습니다. "실루엣"은 속이 모두 채워진 모양입니다. "외부선"은 모양의 바깥 라인을 따라서 모델링해 주고, "내부선"은 모양의 안쪽 라인을 따라서 모델링을 만들어 줍니다. 수정창의 값을 변경하여 원하는 두께의 선으로도 조정 가능합니다.

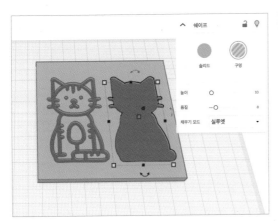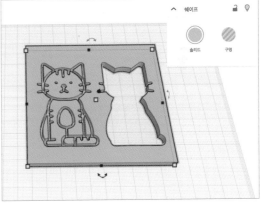

또한 SVG 파일로 가져온 모델링도 구멍 도형으로 바꿀 수 있습니다. 필요한 모양에 따라서 구멍 또는 홈을 파서 모델링에 응용할 수 있습니다.

학교 로고, 브랜드 로고 등 다양한 그림을 SVG로 변환해서 여러분의 모델링에 응용해 봅니다.

STL 모델링 파일 가져와 수정하기

✦ 모델링 파일 공유 사이트

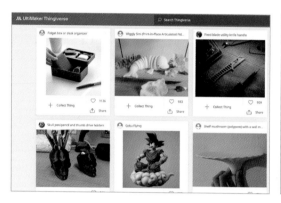 

3D 프린팅이 가능한 3D 모델링 파일은 주로 .STL 파일 형식을 사용합니다. STL 파일을 공유하는 대표적인 사이트로는 www.thingiverse.com, cults3d.com 등이 있습니다. STL 파일은 하나의 덩어리 파일이어서 조각조각 분리할 수는 없지만, 덩어리 자체를 수정하여 모양을 만들 수 있습니다. 공유 사이트에서 STL 파일을 하나 다운로드받아 준비합니다.

✦ 틴커캐드에서 STL 파일 불러오기

작업 메뉴의 오른쪽 위에서 "가져오기"를 클릭합니다. 가져올 수 있는 STL 모델링 파일의 최대 크기는 25MB입니다. 파일이 너무 크면 가져올 수 없다는 메시지가 나타납니다. 치수를 확인하고 너무 크면 "축척"을 100 이하로 줄이고, 너무 작으면 "축척"을 100 이상으로 키운 다음 "가져오기"를 클릭합니다.

✦ 가져온 STL 파일의 모델링 수정

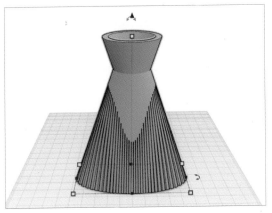
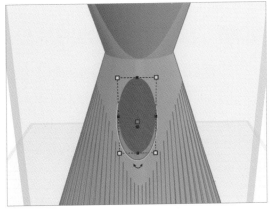

모델링 파일의 크기에 따라 가져올 때 시간 소요가 다릅니다. 모델링 파일은 가운데 나타나게 됩니다. 하나의 덩어리 파일입니다. 수정하기 위해서 기본 쉐이프에서 필요한 도형을 가져옵니다.

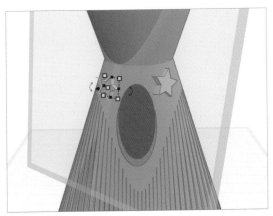
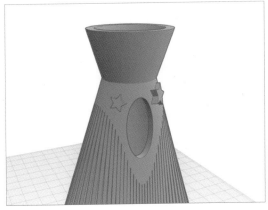

새로 가져온 도형은 자석 기능이 자동으로 적용되기 때문에 가져온 STL 파일에도 도형을 추가로 붙여 모양을 수정할 수 있습니다. 원하는 위치에 추가 구멍을 만들거나 이름이나 다른 모양의 도형을 추가하여 모델링을 수정할 수 있습니다.

종이에 그린 그림을 모델링으로 만들기

손그림 기능을 이용해서 그림 모델링을 만들 수 있지만, 종이에 펜으로 그리는 것만큼 자유롭지는 못합니다. 종이에 굵은 검정색 펜으로 그림을 그려 봅니다. 배경으로 종이만 나오게 사진을 찍습니다. 사진을 앞서 배운 "그림 파일 모델링으로 가져오기" 방법을 사용해서 SVG 파일로 변환한 다음, 틴커캐드의 가져오기로 모델링으로 만들어 사용합니다.

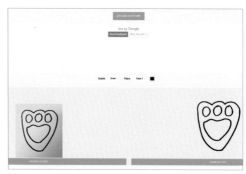

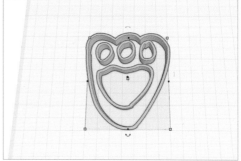

다양한 글씨체의 한글을 모델링으로 만들기

틴커캐드에서는 다양한 한글 글씨체를 제공하지 않습니다. 다양한 글씨체를 사용하고 싶다면 그림판, 파워포인트 등 다른 프로그램을 사용하여 한글을 작성하고 그림 파일로 만들어 줍니다. 그다음 앞서 배운 "그림 파일 모델링으로 가져오기" 방법을 사용해서 SVG 파일로 변환한 다음, 틴커캐드의 가져오기로 모델링으로 만들어 사용합니다.

패턴 만들기: 직선

✦ 복제 (Ctrl + D)

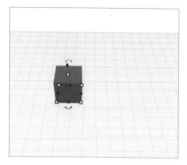
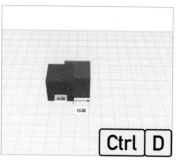
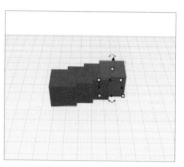

도형을 복사하고 붙여넣는 Ctrl + C, Ctrl + V와는 다른 복제 단축키인 Ctrl + D를 사용해 봅니다. 도형을 선택하고 Ctrl + D를 누르면 아무 변화가 없어 보입니다. 하지만 도형을 움직여 보면 같은 자리에 같은 크기의 도형이 복제되어 있는 것을 알 수 있습니다. 도형을 옆으로 움직인 다음 Ctrl + D를 반복적으로 눌러 주면, 같은 크기의 도형이 생길 뿐만 아니라 내가 옆으로 움직인 행동까지 복제가 됩니다.

✦ 직선 패턴: 울타리

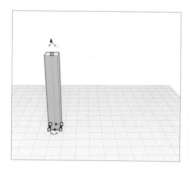
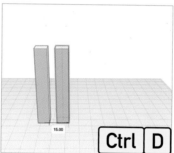
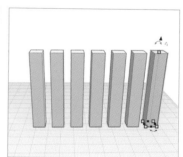

상자 도형을 가져와 도형의 높이를 높이고 색도 바꿔 주었습니다. 도형을 선택한 다음 Ctrl + D를 한 번 눌러 줍니다. 그다음 키보드를 이용해 옆으로 이동해 줍니다. 또는 마우스를 이용해 이동할 때 Shift를 눌러 주고 이동하면 수직, 수평으로만 이동합니다. 그다음 Ctrl + D를 반복하여 누릅니다. 긴 흰색 상자 도형이 움직였던 같은 간격으로 이어서 도형이 생깁니다. 같은 간격을 가진 나란한 울타리를 만들 수 있습니다.

✦ 직선 패턴: 계단

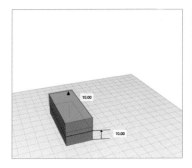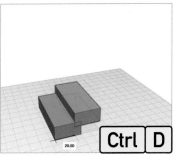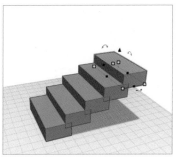

상자 도형을 가져와 한쪽 방향을 늘려 직사각형 모양으로 만들어 줍니다. 도형이 선택된 상태에서 Ctrl + D 를 한 번 눌러 줍니다. 도형 위의 검정색 삼각형을 눌러 Z축 방향으로 위로 이동합니다. 그다음 키보드 또는 마우스로 옆으로 이동합니다. 그리고 반복적으로 Ctrl + D 를 눌러 줍니다. 같은 크기의 도형이 위로 그리고 옆으로 이동한 상태로 복제됩니다. 계단 모양을 모델링할 수 있습니다.

주의하기

▌ Ctrl + D 를 사용할 때 주의사항

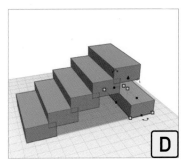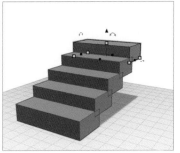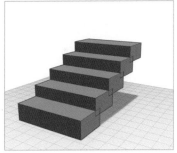

그냥 누른 단축키 D 는 도형을 바닥으로 붙이는 기능이 있습니다. 그래서 Ctrl 을 먼저 누른 상태로 D 를 눌러야 합니다. D 를 먼저 누르지 않습니다.

도형이 선택되면 주변에 점들이 나타납니다. Ctrl + D 기능을 사용하는 도중, 무의식적으로 마우스로 빈 공간을 클릭하면 도형의 선택이 해제됩니다. 그러면 Ctrl + D 기능을 사용할 수 없고 처음부터 다시 Ctrl + D 를 적용해야 합니다. 복제 기능을 사용할 때는 도형의 선택이 풀리지 않게 주의합니다.

10 | 패턴 만들기: 회전

✦ 회전 패턴: 꽃

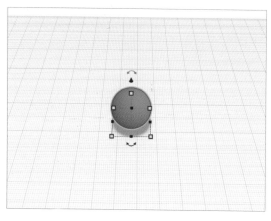 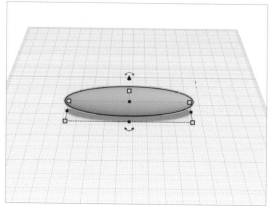

기본 쉐이프 메뉴에서 구 도형을 가져옵니다. 도형을 한쪽으로 길게 만들고 원하는 색상으로 바꿔 줍니다. 길쭉한 타원 모양의 도형은 중심으로 좌우 대칭의 모양을 가지고 있습니다.

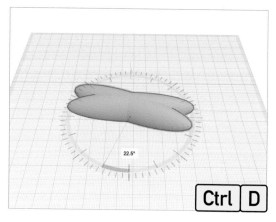 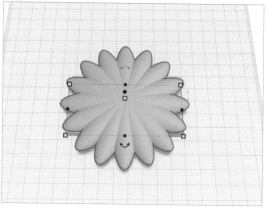

도형을 선택한 다음 Ctrl+D를 한 번 눌러 줍니다. 그다음 도형 옆의 둥근 화살표를 클릭하여 회전시켜 줍니다. 회전 각도에 따라 패턴으로 나오는 모양이 다릅니다. 좁은 각도로도 복제해 보고, 큰 각도로도 복제해서 모양을 비교해 봅니다. 도형을 회전한 다음 Ctrl+D를 반복적으로 눌러 줍니다. 360° 한 바퀴 회전을 다 돌면 복제를 멈추고, 하나의 그룹으로 묶어 줍니다. 다른 모양의 기본 도형도 사용해 보며 다양한 꽃 모양을 만들어 봅니다.

✦ 회전 패턴: 눈꽃

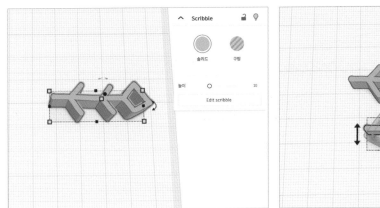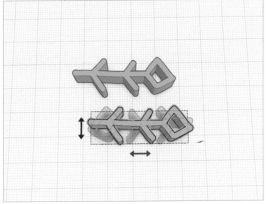

손그림 도형을 가져와 눈꽃의 잎이 될 모양 하나를 그려 줍니다. 이 도형을 회전 복제하면 안됩니다. 먼저 도형이 좌우 대칭의 모양을 갖게 만들어야 합니다. 손그림으로 만든 도형을 하나 복사 및 붙여넣기 합니다. 대칭 기능을 이용하여 도형을 뒤집어 줍니다.

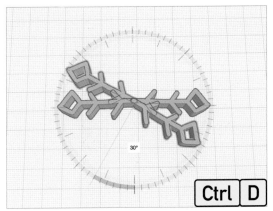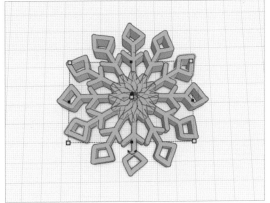

두 개의 눈꽃 잎 도형을 일직선으로 놓일 수 있게 정렬합니다. 그다음 두 도형을 함께 선택하고 Ctrl + D 를 누릅니다. 둥근 화살표를 클릭하여 도형을 회전시킵니다. 도형이 너무 겹치지 않게 모양을 보면서 회전 각도를 결정합니다. 그다음 Ctrl + D 를 반복적으로 눌러 줍니다. 360° 한 바퀴 회전을 다 돌면 복제를 멈추고, 하나의 그룹으로 묶어 줍니다. 다른 모양의 눈꽃의 잎을 디자인하고 사용하여 다양한 눈꽃 모양을 만들어 봅니다.

패턴 만들기: 복합 1

01 DNA 만들기: 기본 모양 준비

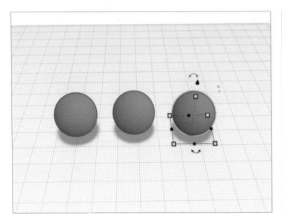 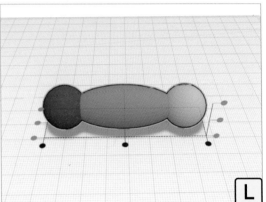

기본 쉐이프에서 구 도형 세 개를 가져옵니다. 양쪽의 도형은 다른 색을 선택합니다. 가운데 구 도형은 한쪽으로 길게 타원형으로 만들어 줍니다. 세 개의 도형을 위의 그림과 같이 일직선상에 위치시킵니다. 정렬 기능을 사용하면 편리합니다.

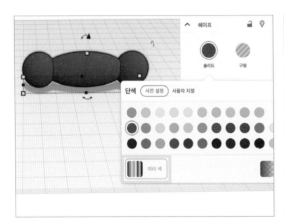 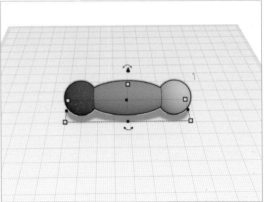

세 개의 구 도형을 전체 선택하여 "그룹화"를 눌러 줍니다. 그룹이 되면 도형의 색이 하나로 통일됩니다. 그러면 솔리드의 팔레트를 열어서 "여러 색"을 체크합니다. 그룹이 되기 전에 색이 나타나며 그룹을 만든 다음에는 색을 바꿀 수 없습니다. 처음에 골랐던 색이 나타나면서 하나의 도형으로 묶였습니다.

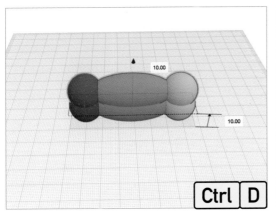 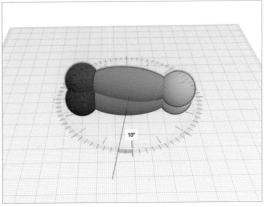

도형을 선택한 다음 Ctrl + D 를 누릅니다. 앞서 계단을 만들었던 방법처럼, 도형 위의 검정색 삼각형을 눌러 Z축 방향으로 위로 이동합니다. 그다음 꽃을 만들었던 방법처럼, 둥근 화살표를 눌러 일정 각도를 회전합니다.

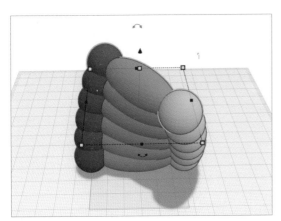 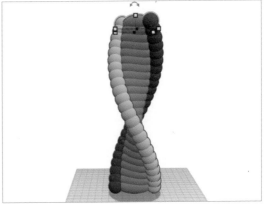

도형의 선택이 풀리지 않게 주의합니다. Ctrl + D 를 반복적으로 눌러 줍니다. 그러면 같은 도형이 복사될 뿐만 아니라, 위로 그리고 옆으로 회전하는 동작도 반복됩니다. 도형이 나선형으로 만들어지면서 DNA 구조를 모델링할 수 있습니다.

패턴 만들기: 복합 2

✦ 크기 변화의 복제

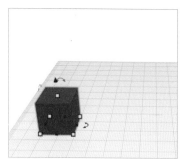
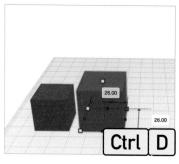
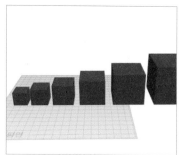

기본 쉐이프에서 상자 도형을 가져옵니다. Ctrl+D를 누르고 도형을 옆으로 이동합니다. 그 다음 Shift를 누른 상태로 크기를 조금 키웁니다. 이어서 Ctrl+D를 반복적으로 눌러 주면 앞서 키운 크기만큼 계속 커지는 도형이 나타납니다. 복제 기능은 이동, 회전뿐만 아니라 크기의 변화도 복제하는 반복 패턴으로 응용할 수 있습니다.

01 솔방울 패턴 만들기: 기본 모양 준비

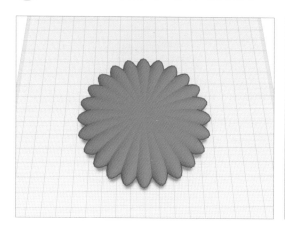
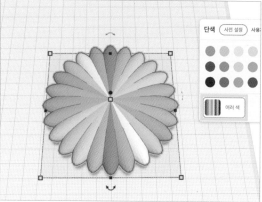

앞서 꽃 모양을 만든 방법으로 구 도형을 가져와 모양을 바꾼 다음 회전 패턴을 만들었습니다. 그다음 도형의 각각을 알록달록한 색상으로 선택합니다. 여러 개의 도형 전체를 선택하여 "그룹화"하고, 도형이 하나로 묶여 색이 통일되면 솔리드의 팔레트를 열어 "여러 색"을 선택합니다.

02 솔방울 패턴 만들기

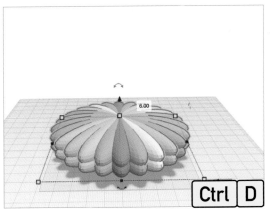
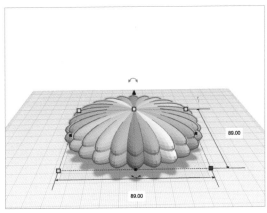

하나의 그룹으로 만들어진 도형을 선택합니다. `Ctrl`+`D`를 누르고 도형 위의 검정색 삼각형을 클릭해서 Z축 방향으로 위로 이동합니다. `Shift`+`Alt`를 같이 누른 상태에서 도형의 크기를 조금 줄여 줍니다. `Shift`만 누르면 도형의 중심 위치가 틀어집니다. 꼭 `Shift`+`Alt`를 같이 눌러서 도형의 중심 위치를 일치시켜야 합니다.

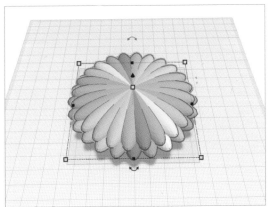
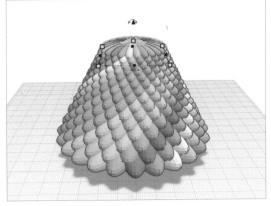

도형의 둥근 화살표를 이용해서 조금만 회전합니다. 그다음 도형의 선택이 풀리지 않게 주의하면서 `Ctrl`+`D`를 반복적으로 누릅니다. 그러면 도형의 크기는 조금 작아지면서 위로 이동하고 회전한 도형이 반복적으로 생깁니다. 만약 도형의 선택이 풀렸다면, 처음부터 도형을 다시 선택해서 복제 기능을 실행합니다.

벽돌 패턴 만들기

패턴을 만들 수 있는 복제 기능은 다양하게 사용할 수 있습니다. 기본 상자 도형을 가져와 벽돌 모양으로 만들어 봅니다. 반지름 값을 높여 벽돌의 모서리를 둥글게 만듭니다. 직선 패턴을 응용하여 일직선 나란히 벽돌을 만들고, 한 줄 전체를 복사해서 위로 올린 다음 옆으로 조금 빗겨 움직여 줍니다. 그리고 두 줄의 벽돌을 전체 선택해서 위로 복제합니다.

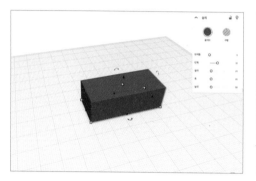
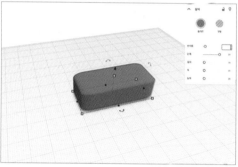

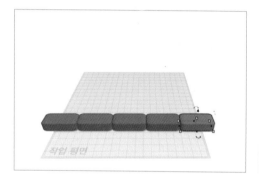
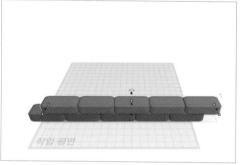

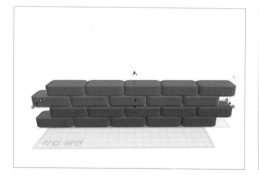
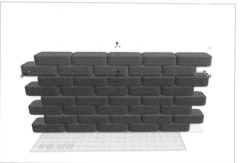

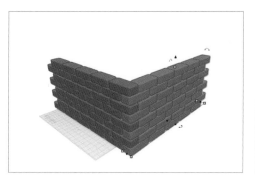
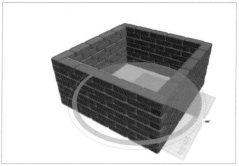

벽 하나의 패턴을 만든 다음 복사해서, 또는 방향을 회전해서 여러분이 생각하는 집을 만들어 봅니다.

지붕 패턴 만들기

지붕을 만들 때도 패턴을 활용할 수 있습니다. 지붕 도형을 가져와서 크기를 조정합니다. "임시 평면"을 만든 다음 그 위에 패턴이 될 도형 하나를 가져옵니다. 복제 기능을 반복적으로 사용하여 지붕의 패턴을 만듭니다.

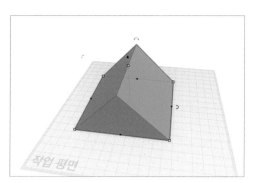
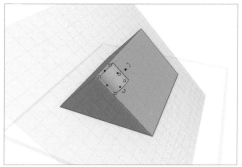

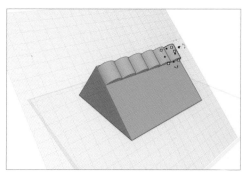
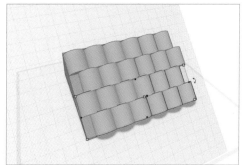

모델링 공유하기

✦ 작업 화면에서 모델링 공유하기

작업 화면의 가장 왼쪽 위에는 알록달록한 틴커캐드 로고가 있습니다. 그 옆에 "최근 디자인" 아이콘이 있습니다. 클릭합니다.

"최근 디자인"을 클릭하면 최근에 작업한 파일의 목록을 확인할 수 있습니다. "이 항목 편집"을 클릭하면 전에 작업했던 화면으로 넘어갑니다.
또는 "새 설계"를 눌러 새 작업 화면으로 시작할 수도 있습니다. 모델링을 공유하기 위해서는 현재 작업의 "톱니바퀴"를 클릭합니다.

작업 파일의 이름을 검색하기 쉬운 이름으로 만들어 줍니다. "비공개"로 되어있던 가시성을 "공개"로 변경하고 "변경 사항 저장"을 클릭합니다. 작업 파일이 공유되었습니다. 공유된 파일의 검색은 뒷장을 확인합니다.

✦ 대시보드에서 모델링 공유하기

대시보드에 있는 모델링 파일에 마우스 커서를 가져가면 오른쪽 위에 숨어있던 "톱니바퀴"가 나타납니다. 클릭합니다.

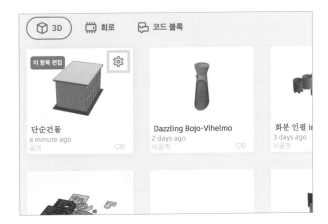

"톱니바퀴"를 클릭하면 이 파일에 대해서 할 수 있는 작업들이 나타납니다. 공유를 하기 위해서는 "특성"을 클릭합니다.

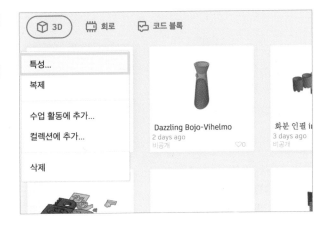

작업 파일의 이름을 검색하기 쉬운 이름으로 만듭니다. "공개"로 바꾸면 "누구나 보고 검색할 수 있음"으로 표시가 되면서 파일이 공유됩니다. 공유된 파일의 검색은 뒷장을 확인합니다.

14 모델링 검색하기

✦ 전체 공유된 파일에서 모델링 검색하기

틴커캐드 사용자들이 공유한 파일을 검색해 봅니다. 대시보드 화면에서 오른쪽 위의 돋보기 모양을 클릭합니다. 그러면 검색어를 입력할 수 있는 파란색 검색창이 나타납니다. 검색하고 싶은 단어를 입력합니다. 또는 앞서 자신이 공유한 모델링 파일이 잘 검색되는지 같은 작업 파일의 이름을 검색해 봅니다.

공유한 파일이 곧바로 검색되지 않을 수 있습니다. 5분 정도 잠시 기다려 줍니다. 검색어는 띄어쓰기에 영향을 받으니 파일의 이름을 제대로 확인합니다. 너무 많은 파일이 검색되면 "관련성"을 클릭하여 "최근"을 선택합니다. 그러면 최근에 공유된 순으로 파일이 검색됩니다. 검색된 파일을 클릭하면 "복사하여 편집"을 통해 자신의 작업 화면으로 불러와 수정할 수 있습니다.

틴커캐드의 사용자는 미국 사람이 가장 많습니다. 그래서 영어로 검색하면 더 다양한 작품을 만날 수 있습니다. 다양한 사람의 모델링 아이디어를 얻고 싶다면 검색어를 바꿔 가면서 다른 작품을 구경해 봅시다.

✦ 내 모델링에서 검색하기

자신이 만든 모델링 파일 내에서도 검색이 가능합니다. 대시보드 화면에서 왼쪽 자신의 계정 사진 밑에 돋보기 모양의 검색창이 있습니다. 이 창에 검색어를 입력하면 자신의 파일 내에서 검색된 결과가 나타납니다. 모델링 파일이 많아지면 자신의 파일에서 검색하는 기능도 유용합니다.

15 재미난 기능: 블록, 벽돌

✦ 블록: 마인크래프트

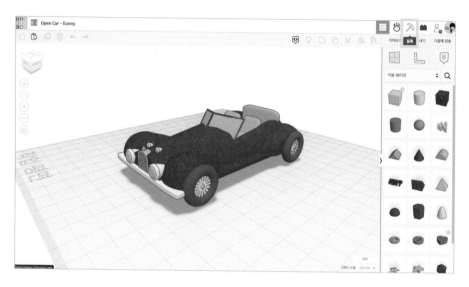

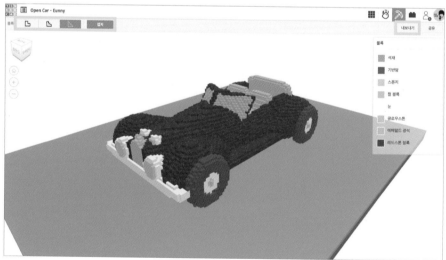

틴커캐드로 모델링을 완성한 다음 오른쪽 위의 "곡갱이" 아이콘을 클릭합니다. 만들었던 모델링이 작은 네모 블록으로 표현됩니다. 블록의 크기는 세 가지 중에서 하나를 선택할 수 있습니다. 모델링의 색에 따라 재료도 표시됩니다. "내보내기"를 클릭하면 마인크래프트에서 불러올 수 있는 파일로 다운로드가 진행됩니다.

✦ 벽돌: 레고

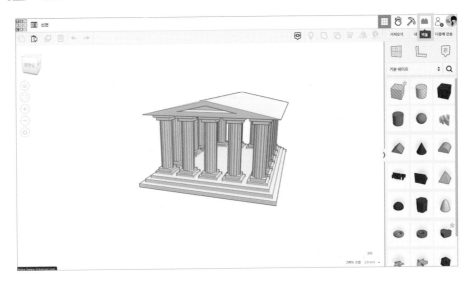

틴커캐드로 모델링을 완성한 다음에 오른쪽 위의 "벽돌" 아이콘을 클릭합니다. 만들었던 모델링이 레고 조각으로 표현됩니다. 레고 조각의 크기는 세 가지 중에서 하나를 선택할 수 있습니다. "레이어"를 클릭하면 아래에 레고 조각의 층이 표현됩니다. 삼각형을 클릭해서 숫자를 올리거나 내리면, 레고가 어떻게 결합되면서 모델링의 모양을 표현할 수 있는지 눈으로볼 수 있습니다. 집에 레고가 있다면 모델링을 직접 레고로 표현해 봐도 좋습니다.

Fusion으로 모델링 내보내기

✦ Fusion으로 모델링 내보내기

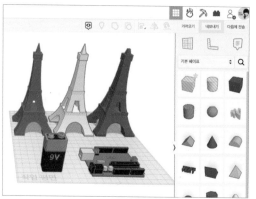

틴커캐드는 단순한 형상을 빠르게 모델링할 때는 편리하지만 복잡하고 섬세한 모델링 작업을 하기는 어렵습니다. 그래서 틴커캐드에서 제작한 모델링을 Fusion 프로그램으로 옮겨갈 수 있습니다. Fusion은 틴커캐드와 같은 오토데스크사의 제품으로 더 전문적인 모델링 작업이 가능합니다. 틴커캐드에서 모델링 작업을 완료하고 "내보내기"를 클릭합니다. 그다음 "Autodesk Fusion"을 클릭합니다.

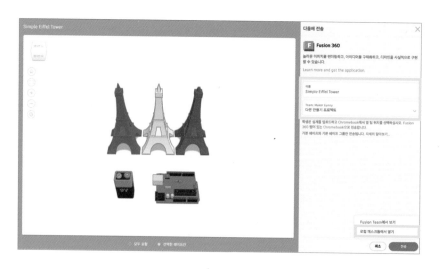

내보내기 전에 Fusion 프로그램이 실행 중이어야 합니다. 옮겨갈 프로젝트를 선택하고 "로컬 데스크톱에서 열기"를 클릭합니다. 모델링 파일에 따라 시간이 걸릴 수 있습니다. 잠시 기다리면 틴커캐드에서 제작한 모델링을 볼 수 있습니다.

✦ Fusion 모델링

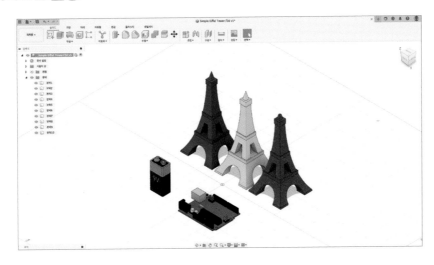

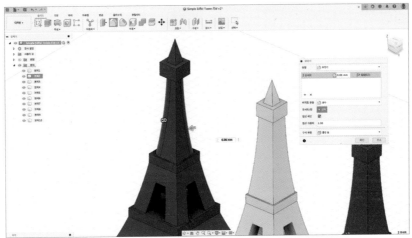

틴커캐드에서 기본으로 제공하는 "건전지, 아두이노" 등의 모델링이 필요하며 Fsuion으로 불러 와서 사용 가능합니다. 이제 틴커캐드에 없었던 기능을 사용하여 편집 및 수정이 가능합니다.

Tip 전문 3D 모델링 프로그램 Fusion

더 복잡한 모델링을 만들어 보고 싶나요?
그러면 다은쌤과 함께 Fusion을 공부해 보면 어떨까요?
유튜브: https://bit.ly/fusion2022video

아이패드와 모델링 AR

✦ 아이패드에서 틴커캐드 모델링

대표적인 태블릿 PC인 아이패드에서 틴커캐드를 사용하는 방법을 간략하게 소개합니다. 아이패드에는 전용 앱이 있습니다. 틴커캐드 앱을 설치한 다음 모델링을 시작합니다.

손가락 하나로 터치해 화면을 움직이면 화면이 360° 돌아갑니다. 손가락 두 개로 터치해 화면을 움직이면 시점이 이동합니다. 손가락 두 개를 벌리거나 좁혀 화면을 확대, 축소합니다. 또는 왼쪽의 뷰 큐브를 사용해 화면을 조정합니다.

펜슬을 이용해 모델링을 바꿀 수 있습니다. 왼쪽 아래에는 투명한 동그라미가 있는데, 이것은 컴퓨터의 Shift 와 같은 역할을 합니다. 동그라미를 누르고 크기를 바꾸면 일정 비율을 유지한 상태로 크기가 커지거나 작아집니다. 손그림 도형을 가져와 터치로 그림을 그려 봅시다. 마우스로 그릴 때보다 더 자유롭게 그림을 그려 모델링에 사용할 수 있습니다.

✦ 아이패드에 있는 AR 기능

전용 앱을 설치해서 들어간 작업 화면에는 오른쪽 위에 "AR Viewer"라는 기능이 제공됩니다. 컴퓨터에서는 사용할 수 없는 기능입니다. 모델링을 완성한 다음 "AR Viewer"를 클릭합니다. 아이패드에 있는 카메라 사용 권한이 승인되어 있어야 합니다. AR 기능이 시작되면 자동으로 카메라가 켜집니다. 바닥을 먼저 인식해야 하기 때문에 아이패드를 움직여 카메라로 바닥을 비춰 줍니다.

모델링 모양이 나타나면 원하는 바닥 위치를 클릭해서 도형의 위치를 먼저 잡습니다. 그다음 두 손가락을 이용하여 모델링의 크기를 확대하거나 회전해 줍니다. 모델링의 위치와 크기를 잡은 다음에 오른쪽 위의 카메라 버튼을 클릭합니다. 그럼 현실의 사진과 모델링이 합성된 증강현실의 사진이 저장됩니다. 모델링과 함께 재미난 증강현실의 사진을 찍어 봅니다.

3D 디자인 만들기

3D 디자인의 모든 기능을 익혀 보았나요?
재미난 예제를 통해서 3D 모델링을 만들어 봅시다.

틴커푸드 1: 피자

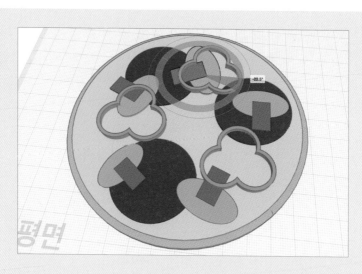

피자를 모델링해 봅시다. 넓고 둥근 피자 도우를 만들고 위에 올라갈 토핑들을 모델링해서 준비합니다. 도우 위에 재료를 올려 맛있어 보이는 피자를 만들어 봅시다.

01 납작한 피자 도우 만들기

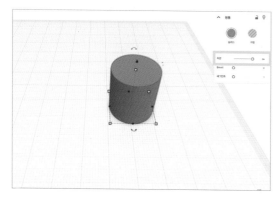
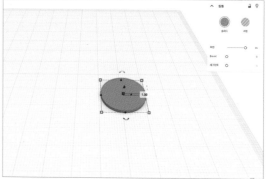

기본 쉐이프에서 주황색 원기둥을 "작업 평면" 위로 가져옵니다. "측면" 값을 20에서 64로 올려 줍니다. 원기둥의 모서리가 더 둥글게 보입니다. 원기둥의 높이를 1로 낮춰서 납작하게 만듭니다.

02 도우 크기 키우고 복사하기

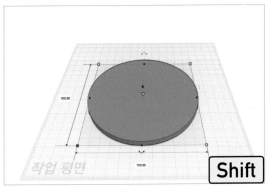 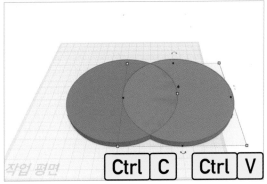

Shift 를 누른 상태에서 납작한 원기둥의 크기를 키웁니다. 피자의 가장 아래 빵으로 사용할 것이니 크게 키웁니다. 원기둥의 높이가 너무 높으면 다시 수정합니다. 크기를 키운 다음 도형을 선택해서 Ctrl + C, Ctrl + V 를 눌러 하나 더 복사 및 붙여넣기 합니다.

03 크기와 색상 바꾸기

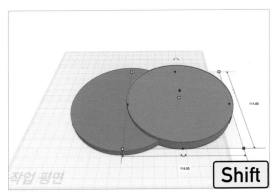 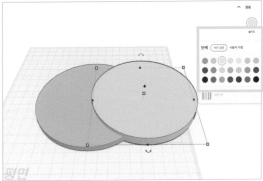

복사된 납작한 원기둥은 Shift 를 누른 상태에서 크기를 조금 줄입니다. 크기를 줄인 원기둥의 높이는 기존의 원기둥보다 높게 만들어 줍니다. 두 개의 도형으로 피자 빵을 표현할 수 있도록 색을 바꿉니다.

04 두 개의 도우 정렬하기

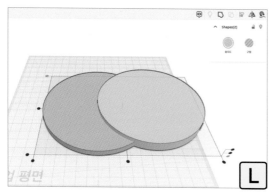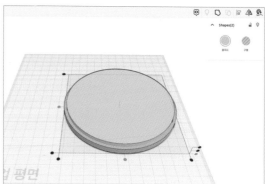

두 개의 납작한 원기둥을 정렬하겠습니다. 두 도형을 드래그해서 선택합니다. L 을 누르거나 상단의 "정렬"을 클릭합니다. 정렬을 실행할 수 있는 검정색 점들이 나타납니다. "작업 평면" 위에 나타난 두 개의 점을 눌러 가운데 정렬을 합니다.

05 그룹화하고 여러 색 적용하기

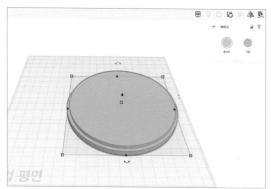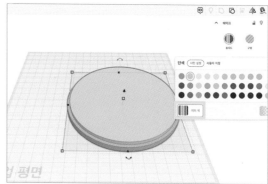

두 개의 납작한 원기둥의 색상도 바꾸고, 정렬도 했습니다. 정렬이 틀어지지 않게 두 도형을 선택하고 "그룹화"를 눌러 하나의 그룹으로 만듭니다. 그룹이 되면 색상이 같아집니다. 솔리드 팔레트를 눌러서 "여러 색"을 클릭합니다. 도형이 그룹으로 묶여 있으면서도 두 개의 색이 모두 나타납니다.

06 피망 만들기

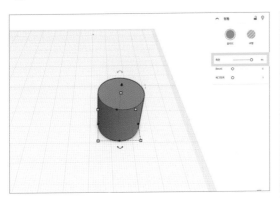 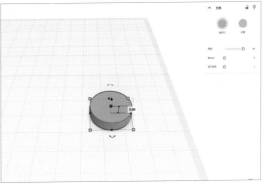

기본 쉐이프에서 주황색 원기둥을 "작업 평면" 위로 가져옵니다. "측면" 값을 20에서 64로 올립니다. 원기둥의 모서리가 더 둥글게 보입니다. 원기둥의 높이를 5로 낮춰 줍니다. 색은 피망을 나타내는 초록색으로 바꿔 줍니다.

07 복사해서 구멍 도형 만들기

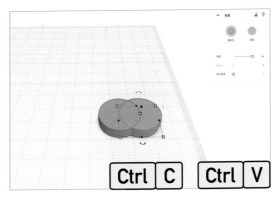 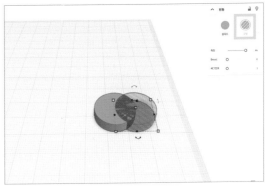

도형을 선택해서 `Ctrl`+`C`, `Ctrl`+`V`를 눌러 하나 더 복사 및 붙여넣기 합니다. 복사로 생겨난 오른쪽 도형은 "구멍"을 클릭해서 구멍 도형으로 만듭니다.

08 구멍 도형 크기 바꾸기

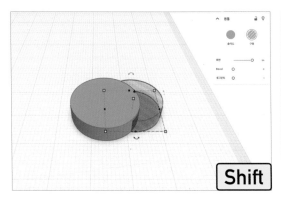 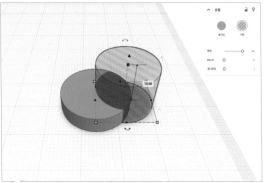

Shift 를 누른 상태에서 구멍 도형의 크기를 줄입니다. 그리고 구멍 도형의 높이를 초록색 도형보다 길게 늘려 줍니다.

09 두 도형 정렬하기

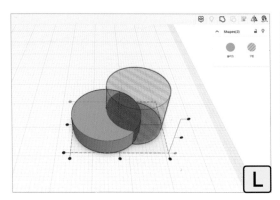 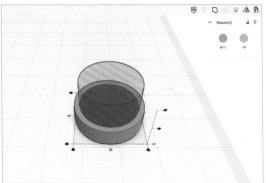

두 개의 원기둥을 정렬하겠습니다. 두 도형을 드래그해서 선택합니다. L을 누르거나 상단의 "정렬"을 클릭합니다. 정렬을 실행할 수 있는 검정색 점들이 나타납니다. "작업 평면" 위에 나타난 두 개의 점을 눌러 가운데 정렬해 줍니다.

10 그룹 만들고 복사하기

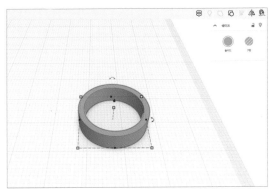
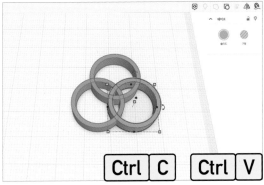

정렬한 다음 두 도형을 선택하고 "그룹화"를 클릭합니다. 가운데가 빠지면서 초록색 링 모양이 만들어졌습니다. Ctrl + C , Ctrl + V 를 눌러서 총 3개가 되도록 복사합니다. 세 개의 초록색 링을 그림과 같이 삼각형 형태로 위치를 조정합니다.

11 그룹을 해제했다가 다시 그룹화하기

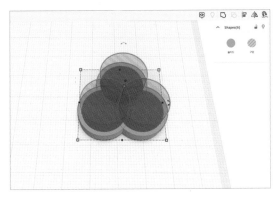
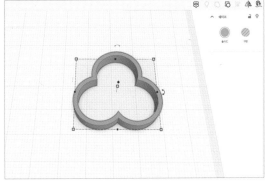

세 개의 초록색 링 도형을 드래그로 한번에 선택합니다. 그다음에 "그룹 해제"를 누릅니다. 그리고 바로 다시 "그룹화"를 눌러 줍니다. 그러면 가운데 겹쳐지는 선 부분이 제거되면서 피망 모양이 완성됩니다. 잠시 한쪽 옆으로 옮겨 놓습니다.

12 양파 만들기

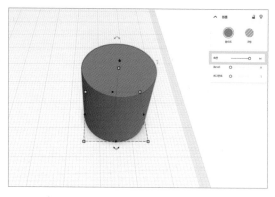 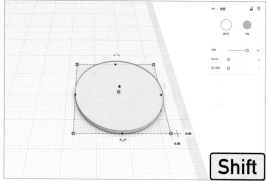

기본 쉐이프에서 주황색 원기둥을 "작업 평면" 위로 가져옵니다. "측면" 값을 20에서 64로 높입니다. 그
러면 원기둥의 모서리가 더 둥글게 보입니다. 원기둥의 높이는 4로 낮춰서 납작하게 만들어 줍니다.
Shift를 누른 상태에서 크기를 늘립니다. 색은 양파를 나타내는 흰색으로 바꿔 줍니다.

13 복사해서 구멍 도형 만들기

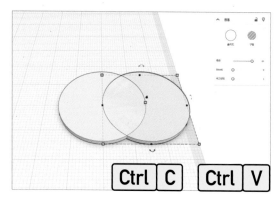 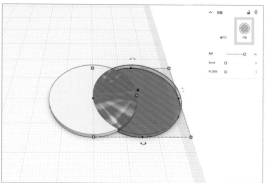

도형을 선택하고 Ctrl+C, Ctrl+V를 눌러 하나 더 복사 및 붙여넣기 합니다. 복사로 생겨난 오른쪽
도형은 "구멍"을 클릭해서 구멍 도형으로 만듭니다.

14 구멍 도형 움직이고 그룹 만들기

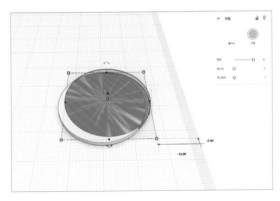 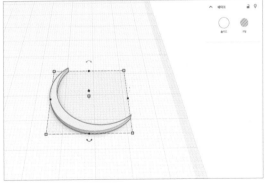

구멍 도형을 움직여 흰색으로 남는 도형의 모양을 확인합니다. 얇은 초승달 모양입니다. 두 도형을 선택하고 "그룹화"를 누릅니다. 양파가 완성되었습니다. 잠시 한쪽 옆으로 옮겨 놓습니다.

15 페퍼로니 만들기

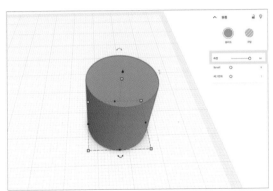 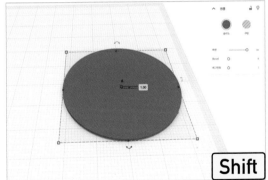

기본 쉐이프에서 주황색 원기둥을 "작업 평면" 위로 가져옵니다. "측면" 값을 20에서 64로 높입니다. 원기둥의 모서리가 더 둥글게 보입니다. 원기둥의 높이는 1로 낮춰서 납작하게 만들어 줍니다. Shift 를 누른 상태로 크기를 늘립니다. 색은 페퍼로니를 나타내는 빨간색으로 바꿔 줍니다. 잠시 한쪽 옆으로 옮겨 놓습니다.

16 버섯 만들기

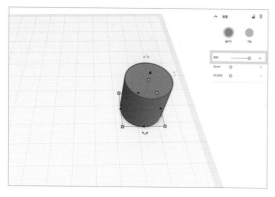 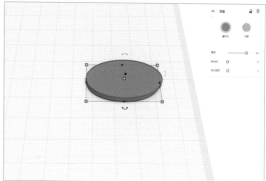

기본 쉐이프에서 주황색 원기둥을 "작업 평면" 위로 가져옵니다. "측면" 값을 20에서 64로 높입니다. 원기둥의 모서리가 더 둥글게 보입니다. 원기둥의 높이를 낮추고 한쪽으로 길이를 늘려서 타원으로 만듭니다.

17 버섯의 심 만들기

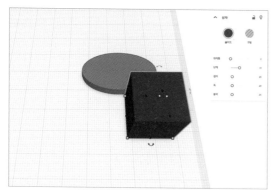 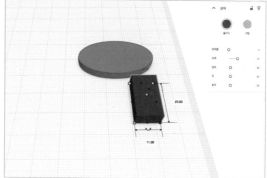

기본 쉐이프에서 빨간색 상자 도형을 "작업 평면" 위로 가져옵니다. 상자 도형을 버섯의 심 모양으로 길고 납작하게 크기를 수정합니다. 상자 도형의 높이는 타원 도형보다 높게 만들어 줍니다.

18 도형 정렬하기

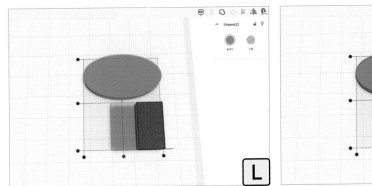
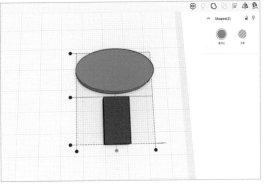

두 개의 원기둥을 정렬하겠습니다. 두 도형을 드래그해서 선택합니다. ⬜을 누르거나 상단의 "정렬"을 클릭합니다. 정렬을 실행할 수 있는 검정색 점들이 나타납니다. 상자 도형이 중심으로 가도록 세로로만 가운데 정렬합니다.

19 모양 정리하고 색상 바꾸기

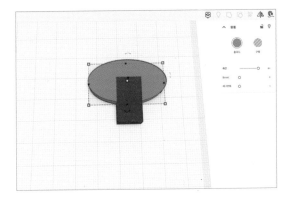
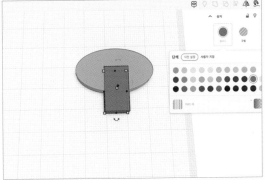

정렬이 틀어지지 않게 상자 도형을 클릭하고, 키보드 방향키로 위로 움직여 상자 도형을 버섯 모양이 되도록 움직입니다. 버섯처럼 보일 수 있게 타원과 상자 도형의 색을 베이지색과 옅은 갈색으로 변경합니다.

20 그룹 만들고 여러 색 적용하기

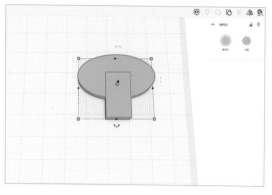 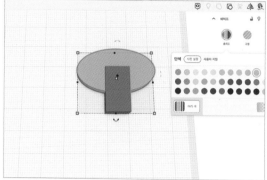

버섯의 색상을 고른 다음 두 도형의 위치가 틀어지지 않도록, 두 도형을 선택하고 "그룹화"를 눌러 하나의 그룹으로 만듭니다. 두 개의 도형이 그룹이 되면 색상이 같아집니다. 솔리드 팔레트를 눌러서 "여러색"을 클릭합니다. 도형이 그룹으로 묶여 있으면서 각각의 색이 모두 나타납니다.

21 올리브 만들기

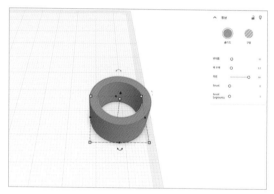 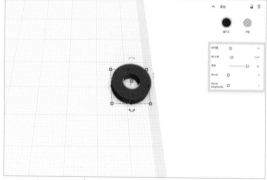

기본 쉐이프에서 주황색 튜브 도형을 "작업 평면" 위로 가져옵니다. "측면" 값을 20에서 64로 높입니다. 크기와 색상을 바꿔 줍니다. 필요하면 수정창에서 "벽 두께" 값을 바꿔서 올리브를 만듭니다.

22 치즈 만들기

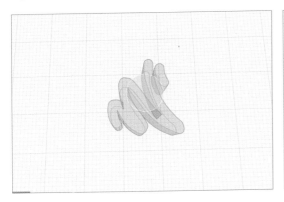 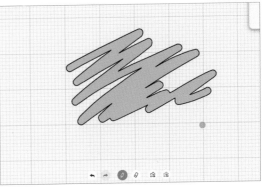

손그림 도형을 가져옵니다. 피자 위에 뿌려지는 치즈를 표현할 도형을 만듭니다. 여기서는 자유롭게 지그 재그로 낙서처럼 그렸습니다.

23 다양한 토핑 만들기

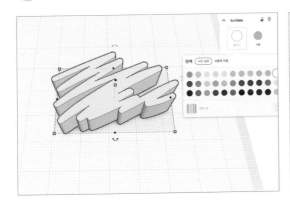 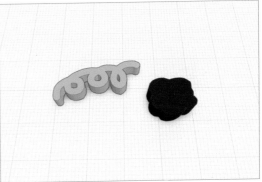

앞서 만든 치즈 모양을 흰색으로 바꿉니다. 위와 같은 방법으로 다양한 토핑을 손으로 그린 뒤 색상을 바꿔 줍니다. 옥수수, 고기, 새우, 베이컨, 감자, 치킨 등 여러분이 좋아하는 토핑을 자유롭게 만들어 표현합니다.

24 피자 토핑 올리기

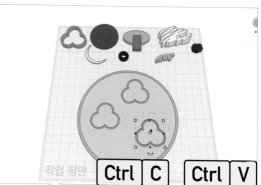

피자에 올라갈 토핑들이 준비되었습니다. 토핑을 선택하고 Ctrl + C, Ctrl + V를 눌러 복사합니다. 원하는 사이즈와 모양의 방향을 수정합니다. 이제 피자의 도우 위에 준비된 토핑을 하나씩 올려 줍니다.

25 높이가 낮으면 도형을 두껍게

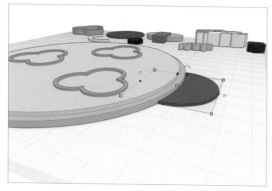
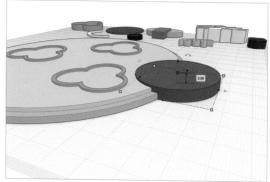

페퍼로니를 가져오니 피자보다 얇아서 도우 밑으로 들어갑니다. 이럴 때는 도형의 위치 높이를 이동하는 것보다 높이를 두껍게 만드는 게 더 편리합니다. 토핑의 높이를 서로 다르게 설정하여 토핑이 피자 도우 위로 잘 보이게 합니다.

26 크기 방향을 자유롭게

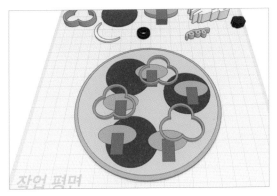 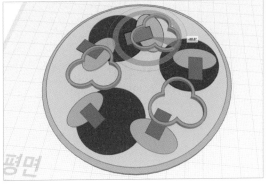

왼쪽의 피자는 버섯이 같은 방향으로 놓여 있습니다. 진짜 피자는 크기와 방향이 제각각입니다. 각 토핑의 크기를 키우거나 줄여 보세요. 방향도 회전해서 다양한 모양으로 토핑을 올려 보세요.

27 피자 완성

앞서 만든 토핑을 여러 개 올려주어 피자가 완성되었습니다.
여러분이 좋아하는 재료가 많이 올라간 맛있어 보이는 피자인가요? 피망, 페퍼로니, 버섯, 치즈, 양파, 고기, 올리브 말고 어떤 토핑이 더 올라갔나요?

틴커푸드 2: 아이스 콜라

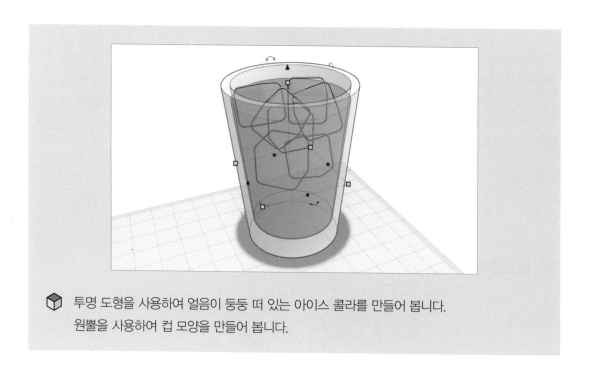

투명 도형을 사용하여 얼음이 둥둥 떠 있는 아이스 콜라를 만들어 봅니다.
원뿔을 사용하여 컵 모양을 만들어 봅니다.

01 얼음 만들기

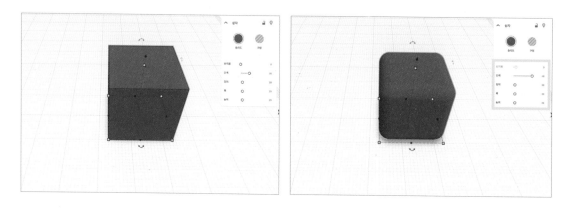

기본 쉐이프에서 빨간색 상자를 "작업 평면" 위로 가져옵니다. "단계"를 10에서 20으로 올립니다. "반지름" 값은 숫자를 클릭해서 3으로 입력합니다. 모든 모서리가 둥근 상자 도형이 생겼습니다.

02 얼음 색상과 투명

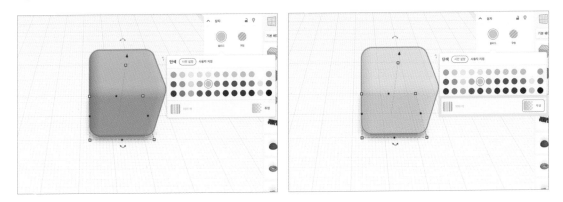

빨간색 도형을 얼음 색상과 비슷하게 하늘색으로 변경합니다. 그다음 솔리드 팔레트 밑에 있는 "투명"을 클릭합니다. 투명한 얼음 도형이 생겼습니다.

03 얼음 여러 개 만들기

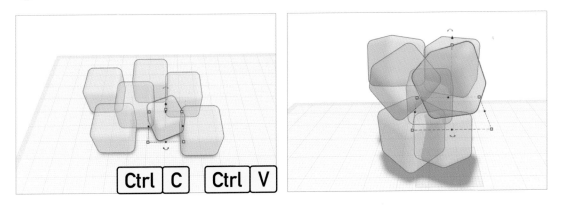

얼음의 크기와 방향이 조금씩 다릅니다. 얼음을 선택하고 Ctrl + C, Ctrl + V 를 눌러 복사합니다. 원하는 사이즈와 모양의 방향으로 수정합니다. 위치를 수정하여 오른쪽 사진처럼 얼음이 위아래로 서로 겹친 모양을 만들어 줍니다.

04 컵 만들기

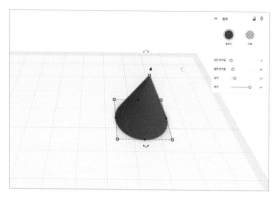 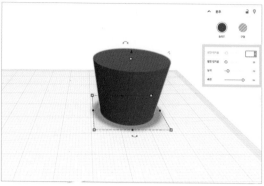

기본 쉐이프에서 보라색 원뿔 도형을 "작업 평면" 위로 가져옵니다. "측면" 값을 24에서 64로 높입니다. 원뿔의 표면이 더 둥글게 보입니다. "상단 반지름" 값을 클릭하여 13을 입력합니다. 뾰족했던 상단이 넓어지면서 종이컵 모양이 되었습니다.

05 컵의 키와 크기 바꾸기

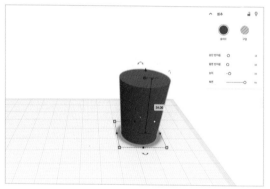 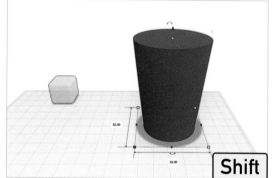

컵의 높이를 키웁니다. Shift 를 누르면서 컵의 크기를 키워 줍니다. 컵 안에는 여러 개의 얼음이 들어갑니다. 얼음의 크기를 고려하여 크기를 조정합니다. 컵의 아랫면이 너무 좁으면 컵이 불안해 보입니다. 컵의 아랫면이 너무 좁지 않게 크기를 수정합니다.

06 복사해서 구멍 도형 만들기

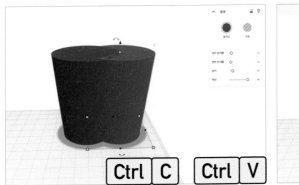 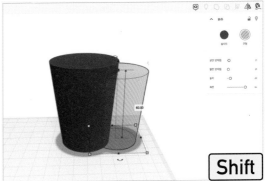

도형을 선택하고 Ctrl+C, Ctrl+V를 눌러 하나 더 복사 및 붙여넣기 합니다. 복사로 생겨난 오른쪽 도형은 "구멍"을 클릭해서 구멍 도형으로 만들어 줍니다. 구멍 도형은 Shift를 누른 상태로 크기를 조금 줄여 줍니다.

07 두 도형 정렬하기

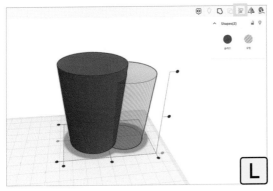 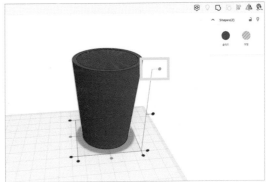

두 도형을 정렬하겠습니다. 두 도형을 드래그해서 선택합니다. L을 누르거나 상단의 "정렬"을 클릭합니다. 정렬을 실행할 수 있는 검정색 점들이 나타납니다. "작업 평면"을 기준으로는 가운데 정렬을 합니다. Z축 방향으로는 컵 위로 두 도형을 정렬합니다. 구멍 도형이 컵의 위로 바짝 올라온 모습을 볼 수 있습니다.

08 구멍 도형 복사하기

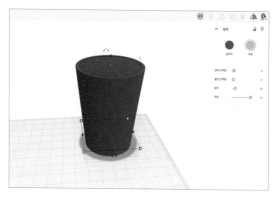 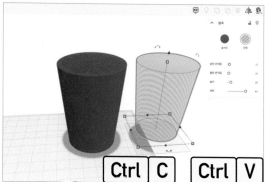

구멍 도형을 선택하고 Ctrl+C, Ctrl+V를 눌러서 하나 더 복사합니다. 나중에 콜라 도형으로 바꿔 사용할 예정입니다. 도형 안의 도형을 클릭으로 선택하기 어려울 수 있습니다. 이럴 때는 전체 선택을 한 다음에 Shift를 누르고 바깥쪽 도형을 클릭해 선택을 해제합니다. 그러면 안쪽 도형을 선택한 것과 같은 효과입니다.

09 그룹 만들고 색상 바꾸기

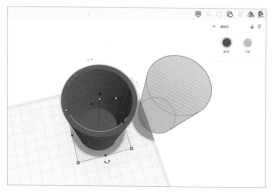 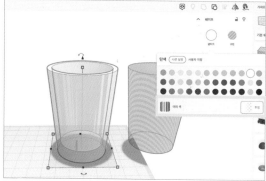

보라색 컵과 그 안에 정렬된 구멍 도형을 함께 선택하고 "그룹화"를 눌러 줍니다. 구멍 도형과 겹친 부분이 제거되면서 보라색 컵 모양이 되었습니다. 컵의 색상을 바꿔 줍니다. 책에서는 흰색을 선택하고 유리컵의 느낌을 만들기 위해 "투명"을 선택했습니다.

10 콜라 만들기

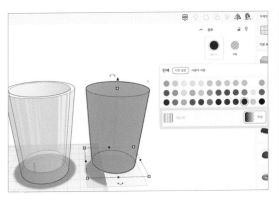
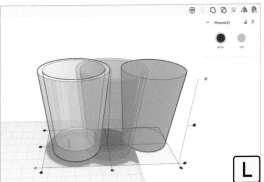

앞서 하나 더 복사해 놓은 구멍 도형을 선택합니다. 색상을 진한 갈색으로 변경하고 "투명"을 선택해 줍니다. 컵과 콜라를 정렬하겠습니다. 두 도형을 드래그해서 선택합니다. [L]을 누르거나 상단의 "정렬"을 클릭합니다. 정렬을 실행할 수 있는 검정색 점들이 나타납니다. "작업 평면"을 기준으로는 가운데 정렬을 합니다.

11 콜라 높이 바꾸기

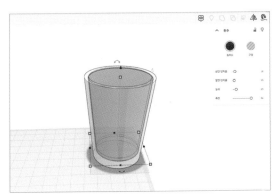

콜라 도형과 컵 도형의 높이가 같습니다. 콜라 도형의 높이를 낮춰 줍니다. 도형의 상단에 있는 흰색 네모 점을 클릭해서 움직입니다.

12 얼음을 컵 안에 넣기

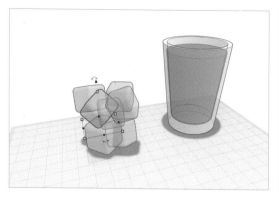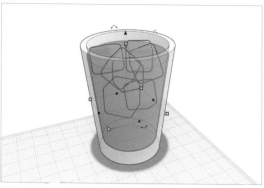

앞서 만든 얼음을 전체 선택합니다. 얼음을 콜라 컵 안으로 이동합니다. 360°로 화면을 돌려가면서 얼음
이 컵 밖으로 빠져 나오지 않게, 높이와 크기를 수정하면서 콜라 컵 안으로 넣습니다. 키보드 방향키로
움직여도 좋습니다. 얼음은 콜라 도형보다 살짝 높게 위치시킵니다. 투명 도형은 그룹화하면 도형의 외각
선이 모두 사라집니다. 따라서 그룹화는 하지 않습니다.

13 빨대 만들기

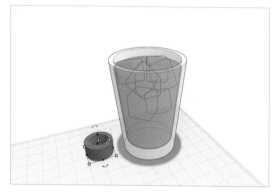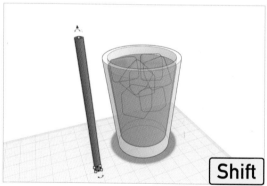

기본 쉐이프에서 주황색 튜브 도형을 "작업 평면" 위로 가져옵니다. "측면" 값을 20에서 64로 높입니다.
튜브 도형의 키를 높게 늘려 줍니다. 그다음 Shift 를 누른 상태에서 도형을 전체적으로 줄입니다. 그리고
다시 튜브 도형의 키를 늘립니다. 빨대가 만들어졌습니다.

14 빨대 회전하고 위치 바꾸기

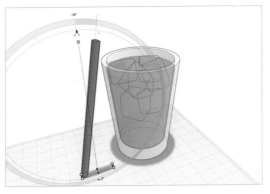 

빨대를 한쪽으로 조금 회전시켜 기울여 줍니다. 빨대를 클릭하고 둥근 화살표를 클릭한 다음, 마우스의 커서를 도형에서 멀리 움직입니다. 그다음 12° 기울여 줍니다. 빨대를 콜라 컵 안으로 움직여 줍니다. 빨대가 컵의 바닥에 닿습니다. Z축 방향으로 위로 올려 위치를 수정합니다.

15 아이스 콜라 완성

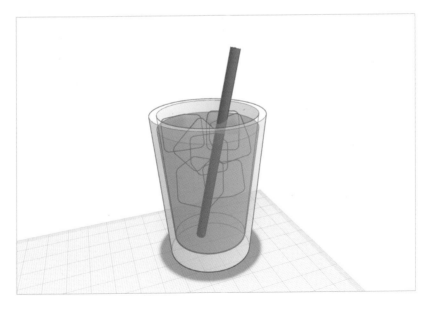

아이스 콜라가 완성되었습니다. 컵을 다른 모양으로 만들어 볼까요? 콜라 말고 다른 음료를 담아 볼까요? 여러분이 좋아하는 음료를 만들어 보세요.

문구 1: 고양이 도장

손그림 도형을 사용하여 고양이 모양의 도장을 만들어 봅니다.
틴커캐드에서 제공하는 다양한 도형을 검색해서 활용해 봅니다.

01 도장의 안쪽 그림 그리기

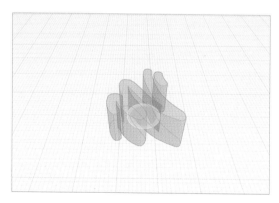
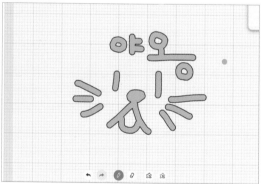

기본 쉐이프에서 손그림 도형을 "작업 평면" 위로 가져옵니다. 그림을 그릴 수 있는 화면으로 바뀝니다.
자유롭게 그림 또는 글씨를 작성합니다. 다 그린 다음 오른쪽 아래 있는 "완료"를 눌러 다시 작업 화면으
로 갑니다.

02 손그림 추가로 가져오기

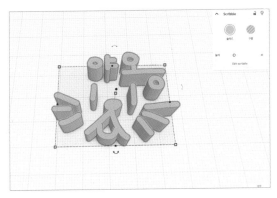
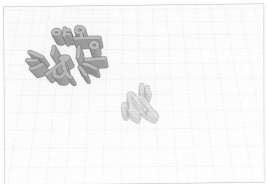

도장의 안쪽 그림이 완성되었습니다. 옆으로 잠시 옮겨 둡니다. 손그림 도형을 추가로 기본 쉐이프에서
"작업 평면" 위로 가져옵니다.

03 도장 바깥 라인 그리기

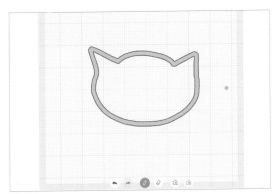
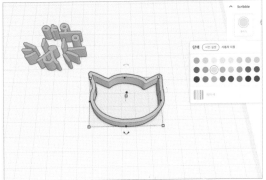

도장의 바깥 라인을 그려 줍니다. 하나의 연결된 선으로 그려 줍니다. 여기서는 고양이 모양의 바깥 라인
을 그렸습니다. 다 그린 다음 오른쪽 아래 있는 "완료"를 눌러 다시 작업 화면으로 갑니다. 바깥 라인을
눈으로 구분하기 위해서 색상을 노란색으로 바꿨습니다.

04 바깥 라인 크기 바꾸기

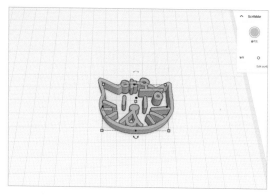 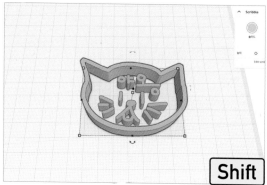

앞서 그린 도장의 인쪽 그림과 바깥 라인을 함께 위치시킵니다. 바깥 라인의 손그림이 더 커야 하니 Shift 를 누른 상태로 크기를 키웁니다.

05 높이 바꾸고 복사하기

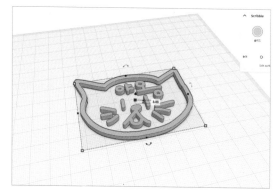 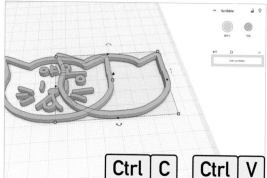

도장의 안쪽 그림과 바깥 라인 도형은 높이는 같습니다. 크기를 맞춘 다음 두 도형의 높이를 3mm로 동일하게 바꿔 줍니다. 바깥 라인 도형을 선택하고 Ctrl + C , Ctrl + V 를 눌러 하나 더 복사 및 붙여넣기 합니다. 복사한 도형의 수정창에 있는 "Edit scribble"을 클릭합니다.

06 복사 도형 안쪽 채우기

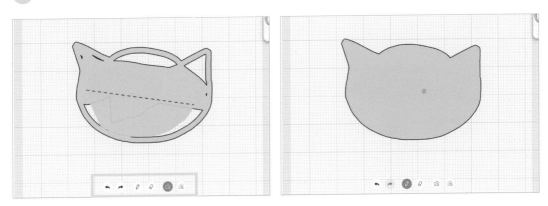

고양이의 바깥 라인만 그려져 있습니다. 바깥 라인의 모양이 바뀌지 않게 주의하면서 안쪽을 모두 채워줍니다. "쉐이프 그리기", "그리기" 기능을 사용하며 안쪽을 완벽하게 채웁니다. 다 채운 다음 오른쪽 하단의 "완료"를 눌러 다시 작업 화면으로 갑니다.

07 채운 도형 위치 바꾸기

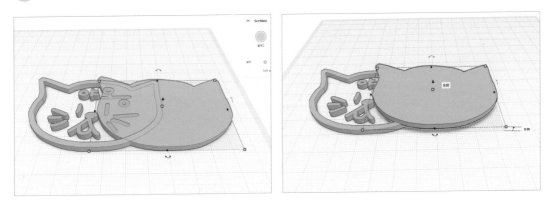

고양이 얼굴 모양의 도형이 두 개입니다. 하나는 바깥 라인만 있는 도형이고 다른 하나는 안쪽이 채워진 도형입니다. 채워진 도형은 Z축 높이를 위로 3mm 이동합니다.

08 정렬하기

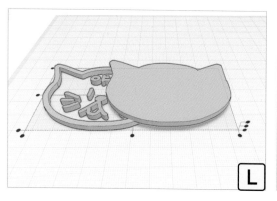 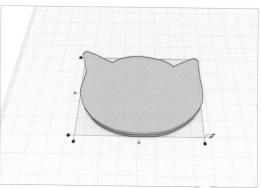

세 개의 도형을 정렬하겠습니다. 세 도형을 드래그해서 선택합니다. L을 누르거나 상단의 "정렬"을 클릭합니다. 정렬을 실행할 수 있는 검정색 점들이 나타납니다. "작업 평면"을 기준으로는 가운데 정렬을 합니다.

09 그룹 만들고 확인하기

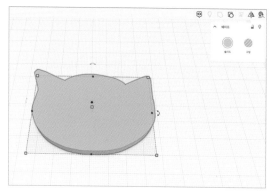 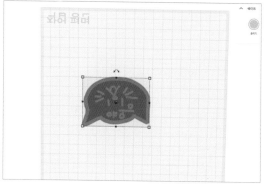

정렬을 마친 세 도형을 모두 선택해서 하나의 그룹으로 만듭니다. 세 개의 도형을 드래그로 전체 선택한 다음 "그룹화"를 클릭합니다. 그룹이 되면 색이 하나로 통일됩니다. 화면을 아래로 회전시켜 도장 안쪽 그림이 제대로 있는지 확인합니다.

10 도장 손잡이 도형 가져오기

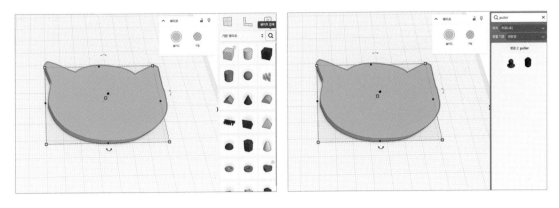

도장 손잡이 도형을 가져오기 위해 "기본 쉐이프" 옆에 있는 돋보기 모양의 아이콘을 클릭합니다. 검색창에 "puller"를 입력합니다. 그러면 진한 회색의 도장 손잡이 도형을 가져올 수 있습니다.

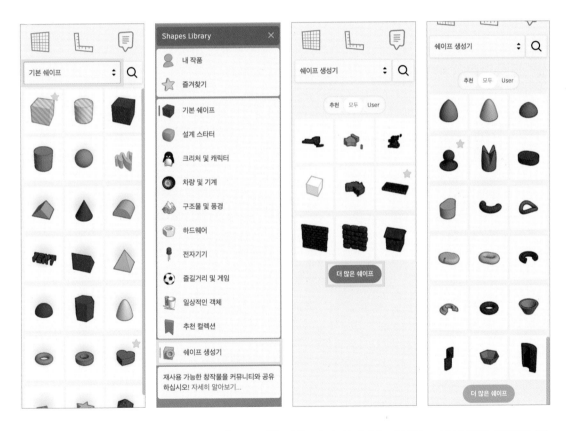

또 다른 방법이 있습니다. "기본 쉐이프"를 클릭한 다음 가장 밑에 있는 "쉐이프 생성기"를 클릭합니다. "모두"를 선택한 다음에 "더 많은 쉐이프"를 선택해서 아래로 몇 번 내려가면 도장 손잡이 도형을 찾을 수 있습니다. 이곳에는 다양한 모양과 기능을 가진 도형들이 있습니다.

11 도장 손잡이 수정하기

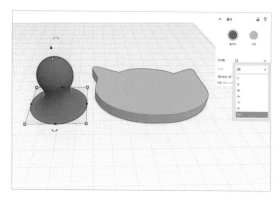 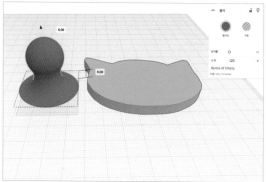

도장 손잡이 도형을 "작업 평면" 위로 가져옵니다. "N면"을 가장 높은 120으로 변경합니다. 도형의 둥근 면을 표현하는 면이 더 많아지면서 부드러운 곡면으로 처리됩니다. 도장 손잡이 도형을 Z축 방향 위로 6mm만큼 이동합니다.

12 도장 손잡이 정렬하고 그룹 만들기

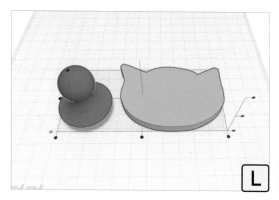 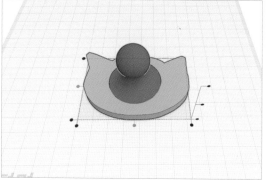

L

두 개의 도형을 정렬하겠습니다. 두 도형을 드래그해서 선택합니다. L 을 누르거나 상단의 "정렬"을 클릭합니다. 정렬을 실행할 수 있는 검정색 점들이 나타납니다. "작업 평면"을 기준으로는 가운데 정렬을 합니다.

13 고양이 도장 완성

정렬이 완료된 도형을 전체 선택해서 "그룹화"를 눌러 줍니다. 손그림 도형을 사용해서 만든 고양이 도장이 완성되었습니다.

Tip **도형 즐겨찾기 설정**

틴커캐드에서는 다양한 도형을 제공합니다. 자주 사용하는 도형이라면 도형 위쪽에 있는 별을 눌러 줍니다. 그러면 별이 노랗게 표시되면서 즐겨찾기에 추가됩니다.

"기본 쉐이프"를 누르면 위에 "즐겨찾기"가 있습니다. 내가 즐겨찾기한 도형을 한눈에 볼 수 있습니다.

문구 2: 파인애플 연필꽂이

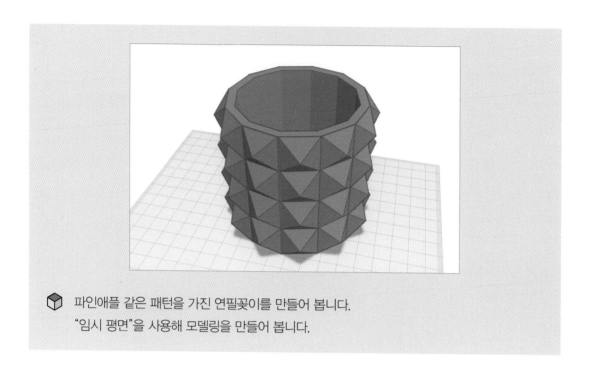

파인애플 같은 패턴을 가진 연필꽂이를 만들어 봅니다.
"임시 평면"을 사용해 모델링을 만들어 봅니다.

01 파인애플 몸통 만들기

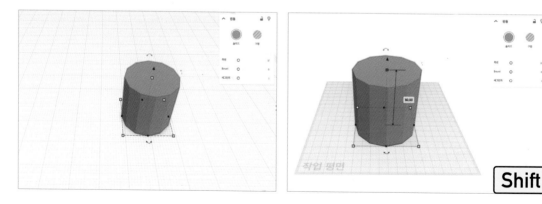

기본 쉐이프에서 주황색 원기둥을 "작업 평면" 위로 가져옵니다. "측면" 값을 20에서 12로 줄입니다. 원기둥의 모양이 12각 기둥으로 변했습니다. Shift 를 누른 상태로 크기를 키워 줍니다. 여기서는 연필꽂이 크기를 고려해서 가로 · 세로 · 높이를 모두 80mm로 했습니다.

02 옆면에 임시 평면 만들기

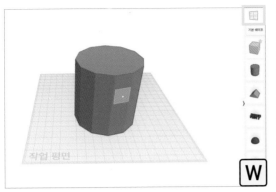 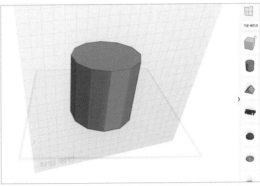

12각 기둥의 한쪽 면에 "임시 평면"을 만들어 주겠습니다. "작업 메뉴"의 "작업 평면"아이콘을 클릭하거나 W를 누릅니다. 마우스 커서를 움직여 기둥의 옆면에 가져가면 네모난 아이콘이 보입니다. 클릭하면 클릭한 지점 옆에 주황색의 "임시 평면"이 생깁니다. 앞으로 여기에서 모델링을 진행합니다.

03 피라미드 도형 가져오기

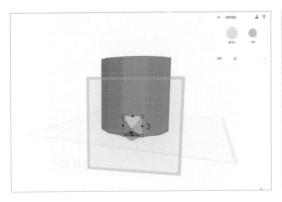 

기본 쉐이프에서 노란색 피라미드 도형을 "임시 평면" 위로 가져옵니다. 그다음 Ctrl+D를 눌러 복제를 한 번 합니다. 키보드 방향키로 20mm만큼 이동합니다.

04 복제 패턴 한 줄 만들기

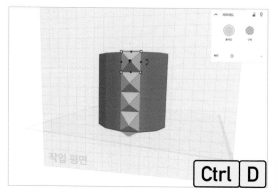 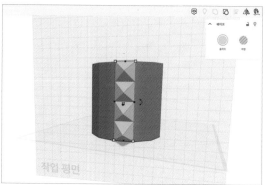

피라미드 도형의 크기는 20mm입니다. Ctrl + D 를 반복적으로 눌러 총 4개의 도형을 복제합니다. 4개의 피라미드를 선택하여 하나의 그룹으로 만듭니다. 그러면 12각 기둥 높이와 같은 80mm의 패턴 한 줄이 만들어집니다.

05 피라미드 높이 줄이기

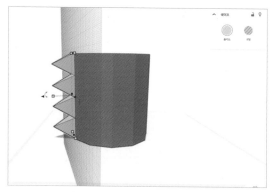 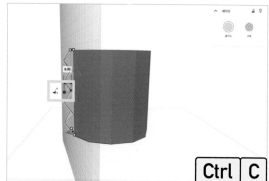

화면을 옆으로 돌려봅니다. 뾰족한 피라미드를 볼 수 있습니다. 너무 뾰족하면 사용할 때도 불편하고 3D 프린터로 뽑기도 어렵습니다. 피라미드의 높이를 8mm로 낮춥니다. 그룹화되어 있기 때문에 4개의 피라미드가 한번에 조정됩니다. 크기를 조정한 다음 피라미드 도형을 선택하고 Ctrl + C 만 눌러 줍니다.

06 임시 평면 옮기기

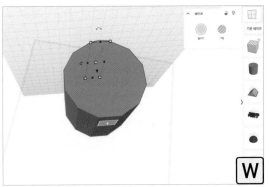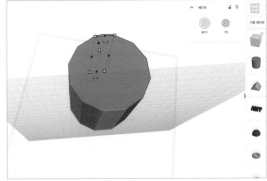

"임시 평면"을 현재 작업하는 평면의 반대 쪽에 만들어서 사용하겠습니다. "작업 메뉴"의 "작업 평면"아이콘을 클릭하거나 ⓦ를 누릅니다. 마우스 커서를 움직여 정확히 대칭되는 반대쪽 면에 가져갑니다. 네모난 아이콘이 보입니다. 클릭하면 클릭한 면에 주황색의 "임시 평면"이 생깁니다.

07 반대쪽 면에 피라미드 붙여넣기

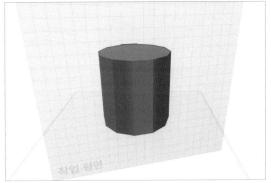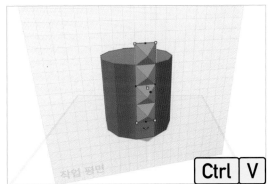

새로 이동된 "임시 평면"입니다. 빈 공간을 클릭해서 아무것도 선택되지 않게 합니다. 그다음 Ctrl + V 를 한 번 눌러 줍니다. 그러면 앞서 복사해 두었던 도형이 새로 만들어진 "임시 평면" 위로 붙여넣기 됩니다.

08 기준 평면으로 돌아오기

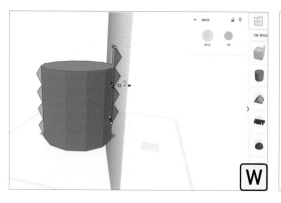 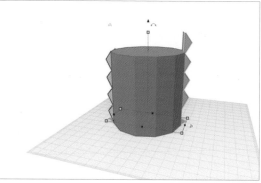

주황색 "임시 평면"에서의 모델링은 끝났습니다. 하늘색의 "기준 평면"으로 돌아옵니다. "작업 메뉴"의 "작업 평면" 아이콘을 클릭하거나 W를 누릅니다. 마우스 커서를 빈 공간의 바닥에 놓습니다. 빈 바닥을 클릭하면 주황색 "임시 평면"이 사라지고 하늘색 "기준 평면"으로 돌아옵니다.

09 피라미드 두 줄 정렬하고 그룹화하기

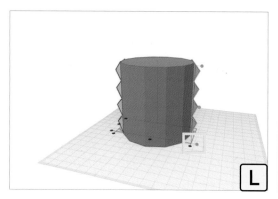 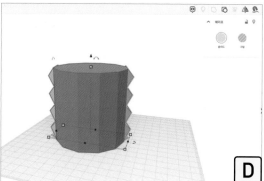

Shift 를 누르고 피라미드 두 줄을 선택합니다. L을 누르거나 상단의 "정렬"을 클릭합니다. Z축 높이가 같게 정렬을 진행합니다. 그리고 두 줄의 피라미드를 하나의 그룹으로 만들어 줍니다. 두 줄의 피라미드를 선택하고 D를 눌러 "기준 평면"에 확실하게 붙여 줍니다.

10 12각 기둥과 정렬하고 복제하기

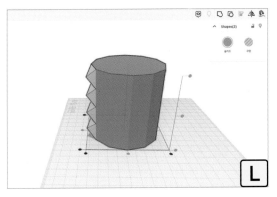

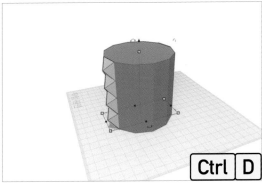

도형 전체를 선택합니다. L 을 누르거나 상단의 "정렬"을 클릭합니다. 모든 방향에서 가운데 정렬을 진행합니다. 피라미드 도형을 선택합니다. 그룹화되어 있어 하나만 선택해도 전체가 선택됩니다. Ctrl + D 를 한 번 눌러 줍니다.

11 회전 복제하기

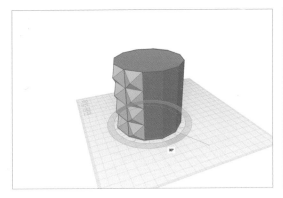

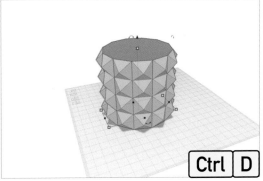

복제로 생성된 도형을 30° 회전시킵니다. Ctrl + D 를 반복적으로 누릅니다. 도형이 회전하는 패턴으로 복제되어 12개의 면에 피라미드 도형이 모두 복제됩니다.

12 12각 기둥 복사하고 그룹 만들기

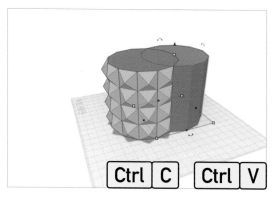
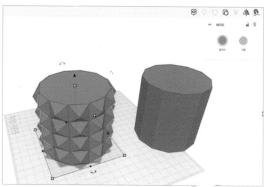

중앙이 12각 기둥 도형을 선택하고 Ctrl + C , Ctrl + V 를 눌러 하나를 더 복사해 둡니다. 복사한 도형은 옆으로 잠시 옮겨 둡니다. 피라미드 도형과 12각 기둥을 전체 선택해서 "그룹화"를 눌러 하나의 그룹으로 만듭니다.

13 구멍 도형 만들고 크기 줄이기

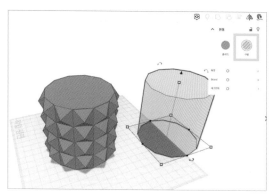
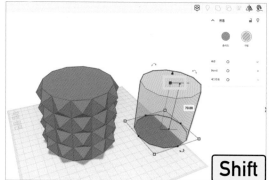

앞서 복사한 도형을 구멍 도형으로 만들어 줍니다. Shift 를 누르고 크기를 조금 줄여 줍니다. 여기서는 원래 설정인 80mm에서 70mm로 크기를 줄였습니다.

14 구멍 도형과 정렬하기

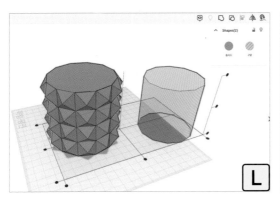 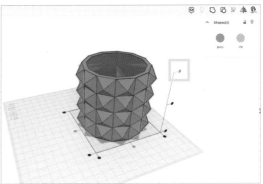

두 개의 도형을 정렬하겠습니다. 연필꽂이로 사용하기 위해 안쪽을 제거합니다. 두 도형을 드래그해서 선택해 줍니다. L 을 누르거나 상단의 "정렬"을 클릭합니다. 정렬을 실행할 수 있는 검정색 점들이 나타납니다. "작업 평면" 위에 나타난 두 개의 점을 눌러 가운데 정렬을 합니다. Z축 방향은 위로 정렬합니다. 구멍 도형이 위로 나타납니다.

15 파인애플 연필꽂이 완성

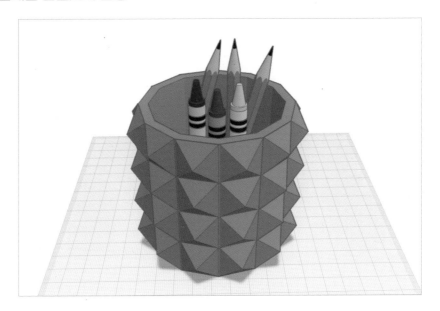

정렬이 완료된 도형을 전체 선택하여 "그룹화"를 눌러 줍니다. 구멍 도형과 겹쳐진 안쪽 도형이 제거됩니다. 파인애플 연필꽂이가 완성되었습니다. 피라미드 말고 다른 도형을 패턴 도형으로 사용하여 여러분만의 연필꽂이를 디자인해 봅시다.

건축물 1: 통나무 집

원기둥을 반복적인 패턴으로 사용해서 통나무 집을 만들어 봅니다.
"임시 평면"을 사용해 모델링을 만들어 봅니다.

01 통나무 원기둥 둥글게 만들기

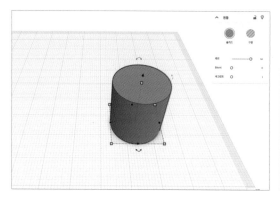 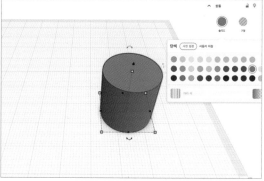

기본 쉐이프에서 주황색 원기둥을 "작업 평면" 위로 가져옵니다. "측면" 값을 20에서 64로 높입니다. 원기둥의 모서리가 더 둥글게 보입니다. 원기둥을 통나무처럼 갈색으로 바꿔 줍니다. "측면" 값을 바꾼 둥근 통나무는 여러 번 사용할 예정입니다. 옆에다 두고 복사해서 가져와 사용합니다.

02 통나무 길게 만들기

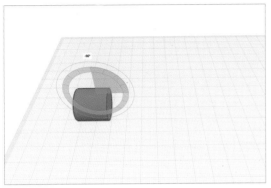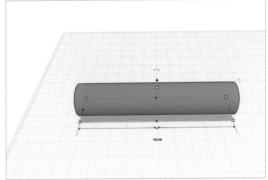

둥근 통나무를 복사해서 하나 가져옵니다. 둥근 화살표에 마우스를 올려 통나무를 옆으로 90° 회전시켜 줍니다. 가로 방향으로 100mm로 길게 길이를 늘립니다.

03 통나무 복사하고 회전하기

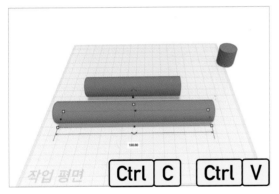

앞서 만든 긴 통나무를 선택하고 Ctrl+C, Ctrl+V를 눌러 하나 더 복사 및 붙여넣기 합니다. 복사한 통나무의 길이를 가로 방향으로 길게 150mm로 늘립니다. 긴 통나무를 그림과 같이 90° 회전시킵니다.

04 통나무 정렬하기

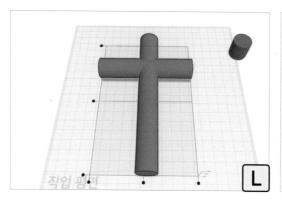 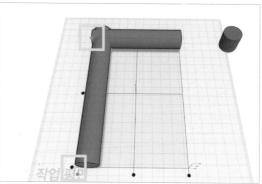

두 개의 통나무를 정렬하겠습니다. 두 도형을 드래그해서 선택합니다. Ⓛ을 누르거나 상단의 "정렬"을 클릭합니다. 정렬을 실행할 수 있는 검정색 점들이 나타납니다. 왼쪽, 위쪽 정렬을 합니다.

05 통나무 사각 틀 만들기

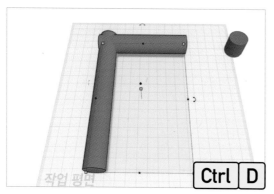 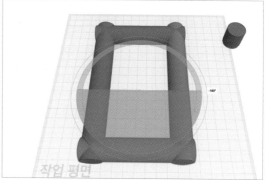

정렬된 두 개의 통나무를 함께 선택합니다. 그다음 Ctrl+D를 한 번만 눌러 복제합니다. 같은 자리에 같은 도형이 만들어져 있습니다. 도형을 180° 회전합니다. 그러면 통나무 집으로 사용될 사각 틀이 만들어집니다.

06 통나무 복제하기

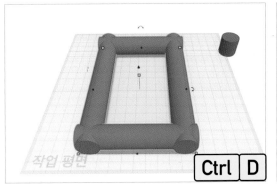 

네 개의 통나무가 사각형 모양으로 정렬되어 있습니다. 네 개를 모두 선택하여 "그룹화"를 눌러 하나의 그룹으로 만듭니다. 그다음 Ctrl + D 를 눌러 한 번 복제합니다. 복제된 도형을 Z축 방향 위로 18mm 이동시킵니다.

07 통나무 위로 반복 올리기

선택이 풀리지 않게 주의합니다. Ctrl + D 를 반복해서 누릅니다. 사각 통나무가 계속해서 위로 올라갑니다. 여기서는 총 6개의 통나무를 복제했습니다.

08 지붕 구멍 도형 만들기

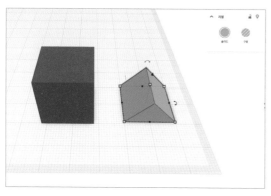 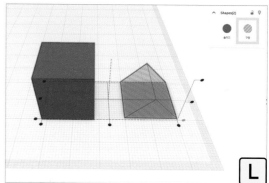

기본 쉐이프에서 빨간색 상자 도형과 초록색 지붕 도형을 가져옵니다. 시붕 도형은 "구멍"을 눌러 구멍 도형으로 바꿉니다. 두 도형을 정렬하겠습니다. 두 도형을 드래그해서 선택해 줍니다. ⌊L⌋을 누르거나 상단의 "정렬"을 클릭합니다.

09 정렬하고 그룹 만들기

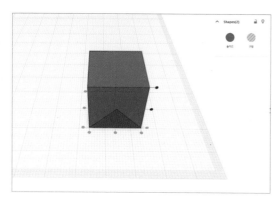 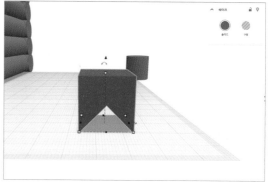

"작업 평면" 위에 나타난 중간 점을 눌러 가운데 정렬을 합니다. 빨간색 상자 도형과 구멍 지붕 도형을 함께 선택하고 "그룹화"를 클릭합니다. 빨간색 상자 도형에서 지붕 모양의 삼각형이 제거되었습니다.

10 지붕 깎기 도형

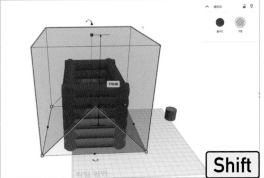

앞서 만든 도형은 "구멍"을 눌러 구멍 도형으로 만듭니다. Shift 를 누른 상태로 크기를 키워 줍니다. 여기서는 170mm로 크기를 키웠습니다. 이 도형은 통나무 집의 윗부분을 삼각형으로 깎아 줍니다. 통나무 집보다 크기가 커야 합니다.

11 통나무 지붕 깎기 그룹

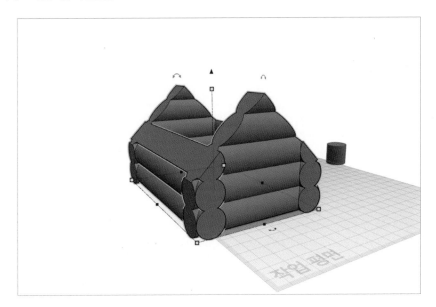

지붕 깎기 도형 크기와 위치를 확인한 다음, 두 도형을 선택하고 "그룹화"를 클릭합니다. 통나무 집의 윗부분이 깎이면서 삼각형 형태가 되었습니다.

지붕면에 임시 평면 만들기

깎여서 만들어진 지붕면에 "임시 평면"을 만들어서 사용히겠습니다. "작업 메뉴"의 "작업 평면" 아이콘을 클릭하거나 W를 누릅니다. 마우스 커서를 움직여 지붕면에 가져가면 네모난 아이콘이 보입니다. 이때 클릭하면 지붕면 위에 주황색의 "임시 평면"이 생깁니다. 앞으로 여기에서 모델링을 진행합니다.

13 **지붕 위에 반원 통나무 가져오기**

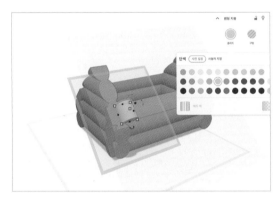
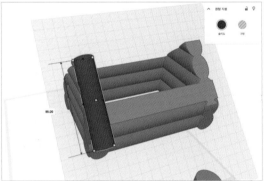

기본 쉐이프에서 하늘색 원형 지붕 도형을 지붕면으로 가져옵니다. 하늘색에서 진한 갈색으로 색을 바꿔 줍니다. 지붕으로 면을 덮을 수 있게 길이를 길게 늘립니다. 여기서는 85mm로 늘렸습니다. 지붕의 왼쪽 시작 끝으로 위치를 옮겨 줍니다.

14 반원 통나무 복제하기

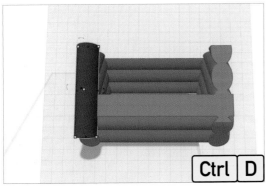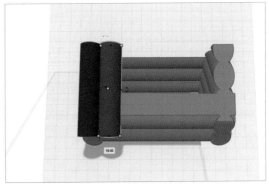

반원 통나무를 선택하고 Ctrl +D 를 한 번 눌러 복제합니다. 키보드 방향키를 눌러서 옆으로만 18mm 이동합니다. 도형의 선택이 풀리지 않게 주의합니다.

15 반원 통나무 그룹 만들기

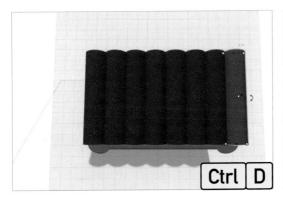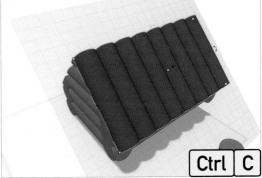

Ctrl +D 를 반복적으로 누릅니다. 반원 통나무가 지붕을 모두 덮으면 복제를 멈춥니다. Shift 를 누르고 반원 통나무만 모두 선택하고, "그룹화"를 눌러 하나의 그룹으로 만들어 줍니다. 그룹이 된 반원 통나무 를 선택하고 Ctrl +C 를 눌러서 복사만 합니다.

16 임시 평면 이동하기

"임시 평면"을 반대쪽에 만들어서 사용하겠습니다. "직입 메뉴"의 "삭업 평면" 아이콘을 클릭하거나 W 를 누릅니다. 마우스 커서를 반대쪽 지붕면으로 가져갑니다. 네모난 아이콘이 보입니다. 이때 클릭하면 주황색의 "임시 평면"이 생깁니다.

17 원기둥 둥글게 만들기

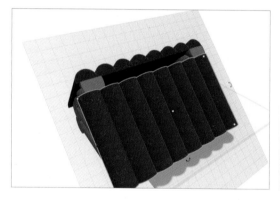 

새로 이동된 "임시 평면"입니다. 빈 공간을 클릭해서 아무것도 선택되지 않게 합니다. 그다음 Ctrl + V 를 한 번 누릅니다. 그러면 앞서 복사해 두었던 반원 통나무가 새로 만들어진 "임시 평면" 위로 붙여넣기 됩니다. 붙여넣기로 나타난 반원 통나무 도형을 키보드 방향키로 움직여 위치를 조정해 줍니다.

18 기준 평면으로 돌아오기

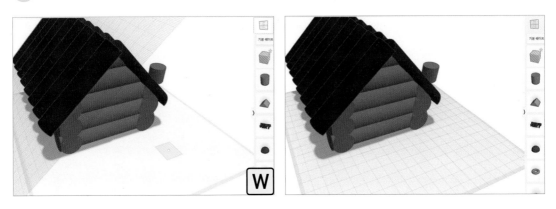

주황색 "임시 평면"에서의 모델링이 끝났습니다. 하늘색 "기준 평면"으로 돌아옵니다. "작업 메뉴"의 "작업 평면" 아이콘을 클릭하거나 W를 누릅니다. 마우스 커서를 빈 공간의 바닥에 놓습니다. 빈 바닥을 클릭하면 주황색 "임시 평면"이 사라지고 하늘색 "기준 평면"으로 돌아옵니다.

19 지붕 정렬하기

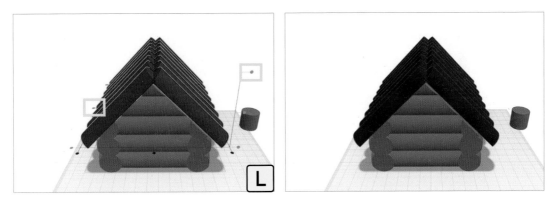

반원 통나무 두 도형을 선택합니다. L을 누르거나 상단의 "정렬"을 클릭합니다. X축으로는 가운데 정렬, Z축으로는 위쪽 정렬을 해 줍니다. 정렬이 된 두 개의 반원 통나무 도형을 "그룹화"를 눌러 하나의 그룹으로 만듭니다.

지붕과 집 몸체 정렬하기

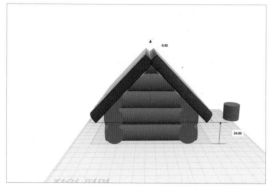 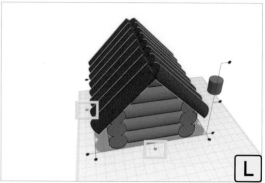

통나무 지붕이 집 몸체 위로 떠 있다면 Z축 방향 아래로 이동시킵니다. 통나무 지붕과 집 몸체 두 도형을
선택하고 L을 누르거나 상단의 "정렬"을 클릭합니다. 정렬을 실행할 수 있는 검정색 점들이 나타납니
다. "작업 평면" 위에 나타난 두 개의 점을 눌러 가운데 정렬합니다.

21 여러 색으로 그룹 만들기

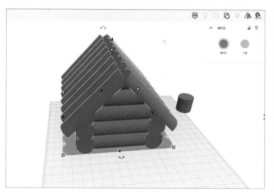 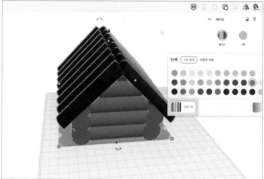

정렬을 맞춘 다음 지붕과 집 몸체 도형을 함께 선택합니다. "그룹화"를 눌러 하나의 그룹으로 만듭니다.
하나의 그룹이 되면 색이 같아집니다. 솔리드 팔레트를 눌러서 "여러 색"을 클릭해 줍니다.

22 지붕에 올릴 통나무 만들기

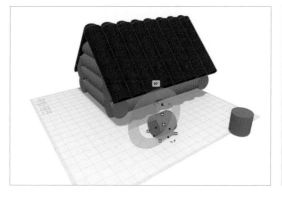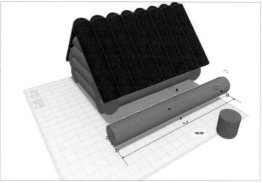

지붕의 가장 끝점에 올릴 통나무를 만들어 봅니다. 앞서 만들어 놓은 둥근 통나무를 하나 복사합니다. 지붕의 방향에 맞게 90° 회전합니다. 통나무는 지붕보다 길게 만들어 줍니다. 여기서는 160mm로 했습니다.

23 지붕 위에 통나무 정렬하기

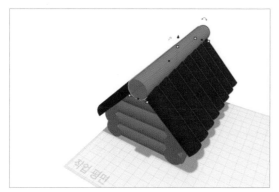

새로 만든 통나무 지붕의 끝 부분으로 이동합니다. 어느 정도 자리를 잡은 다음 집과 함께 선택합니다. 그다음 L을 누르거나 상단의 "정렬"을 클릭합니다. "작업 평면" 위에 나타난 두 개의 점을 눌러 가운데 정렬해 줍니다. 정렬한 다음 전체를 선택해서 하나의 그룹으로 만듭니다.

24 통나무 집 문 구멍 만들기

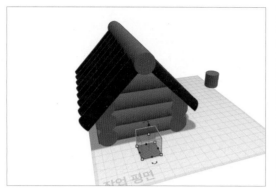 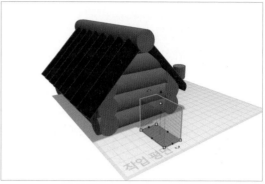

기본 쉐이프에서 구멍 상자 도형을 가져옵니다. 통나무 집 앞에 문 구멍을 만들어 줍니다. 구멍 도형의
크기를 키워 줍니다. 통나무를 뚫을 수 있게 길이를 길게 바꿉니다.

25 문 구멍 도형 이동하기

 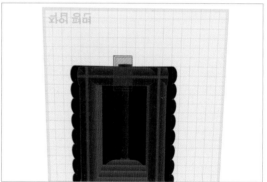

구멍 상자 도형을 키보드로 이동합니다. 문을 만들고 싶은 위치에 구멍 도형을 갖다 놓습니다. 구멍 도형
이 통나무를 충분히 통과했는지 알아보기 위해 화면을 180° 회전시켜 아래에서 확인해 봅니다.

26 그룹 만들고 문 만들기

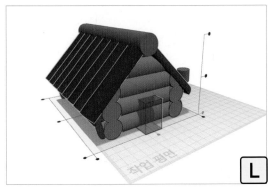 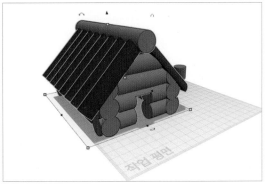

구멍 도형과 통나무 집을 함께 선택합니다. □을 누르거나 상단의 "정렬"을 클릭합니다. 가운데 정렬해
줍니다. 정렬이 된 다음 구멍 도형과 통나무 집을 함께 선택하고 "그룹화"를 클릭합니다. 구멍 도형이 겹
친 부분이 제거되면서 통나무 집에 문이 생겼습니다.

27 문에 작은 통나무 장식하기

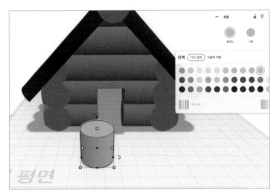 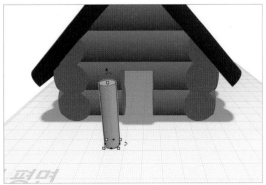

문 주변을 장식할 얇은 통나무를 만들어 봅니다. 둥근 통나무 도형을 가져옵니다. 색은 밝은 갈색으로 변
경합니다. 통나무 크기를 줄여 줍니다. 여기서는 지름 8mm, 높이 32mm로 만들었습니다.

28 작은 통나무 복사하기

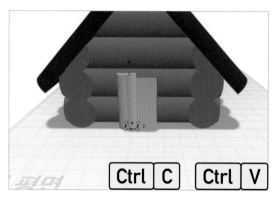 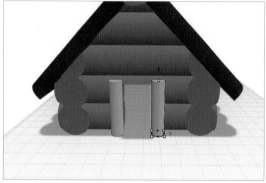

앞서 만든 작은 통나무를 문의 한쪽 모서리에 위치시킵니다. 작은 통나무를 선택하고 Ctrl+C, Ctrl+V를 눌러 하나 더 복사 및 붙여넣기 합니다. 키보드 방향키를 눌러서 반대쪽 문 모서리로 이동시킵니다.

29 작은 통나무 위로 올리기

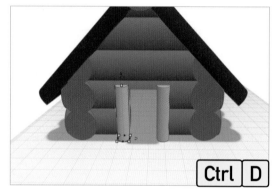 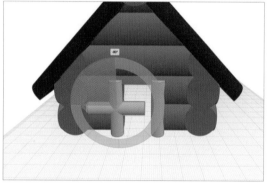

작은 통나무를 선택합니다. Ctrl+D를 한 번 눌러서 복제를 합니다. 복제된 도형을 90°씩 회전합니다. 문의 위쪽 모서리에 위치시킬 통나무입니다.

30 문 장식 완료하고 그룹 만들기

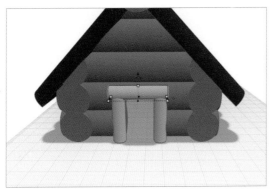 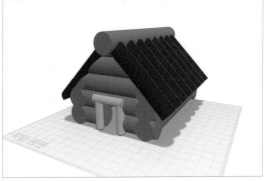

작은 통나무의 위치를 조정합니다. 통나무 길이가 길면 크기를 바꿔 줍니다. 문 모서리에 작은 통나무의
장식을 다 했다면 전체를 선택합니다. "그룹화"를 눌러 하나의 그룹으로 만듭니다. 복제한 도형이 많아
시간이 조금 걸릴 수 있습니다.

31 통나무 집 완성

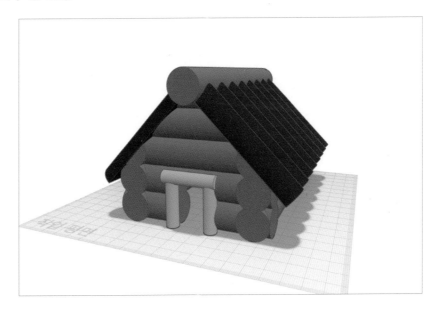

원기둥 통나무를 사용한 통나무 집이 완성되었습니다.
통나무를 사용해 집 주변에 울타리도 만들어 보면 어떨까요?

건축물 2: 피사의 사탑

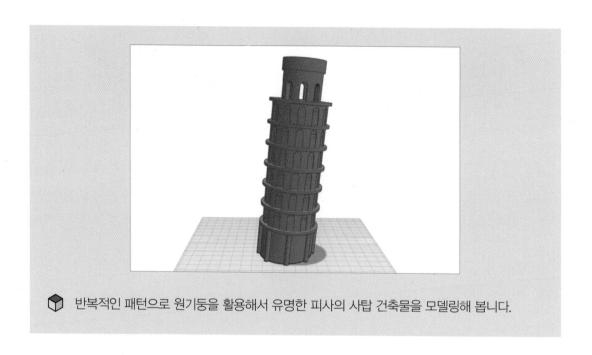

반복적인 패턴으로 원기둥을 활용해서 유명한 피사의 사탑 건축물을 모델링해 봅니다.

01 원기둥 둥글게 만들기

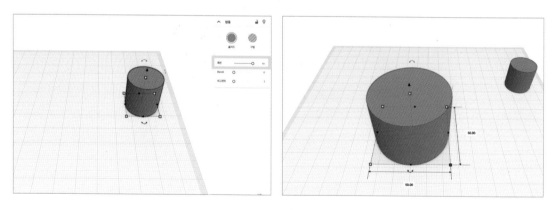

기본 쉐이프에서 주황색 원기둥을 "작업 평면" 위로 가져옵니다. "측면" 값을 20에서 64로 높입니다. 원기둥의 모서리가 더 둥글게 보입니다. 이 원기둥을 계속 사용할 예정입니다. 측면 값을 바꾼 둥근 원기둥을 옆에 두고 사용합니다. 둥근 원기둥 하나를 더 복사하고 원기둥의 크기를 지름 50mm, 높이는 35mm로 크게 만들어 줍니다.

02 얇은 원기둥 만들기

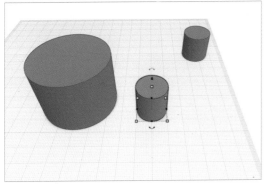 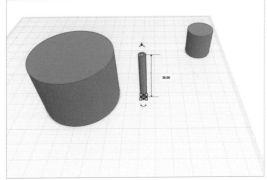

둥근 원기둥을 하나 더 복사해서 가져옵니다. 지름이 4mm이고 높이가 35mm인 얇은 원기둥으로 크기를 바꿔 줍니다. 원기둥의 높이는 앞서 만든 도형의 높이와 같습니다.

03 얇은 원기둥 복사하기

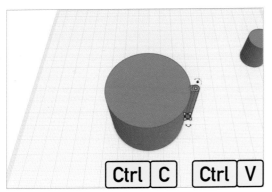 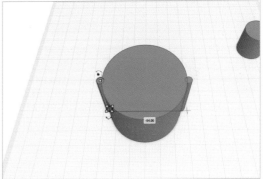

앞서 만든 지름 50mm 원기둥 옆에 얇은 원기둥을 가져갑니다. 얇은 원기둥을 하나 더 복사 및 붙여넣기 합니다. 키보드 방향키를 이용해서 일직선상에서 옆으로 이동해 줍니다.

04 얇은 원기둥 정렬하고 그룹 만들기

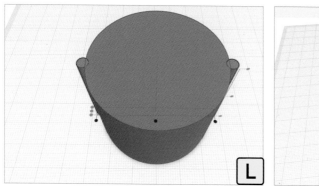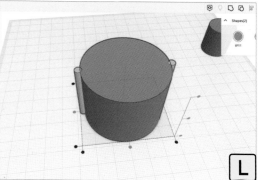

얇은 두 개의 원기둥을 선택합니다. ⒧을 눌러 정렬합니다. 그다음 두 개의 얇은 원기둥을 하나의 그룹으로 만들어 줍니다. 구분하기 위해 색을 노란색으로 바꿨습니다. 그룹이 된 얇은 원기둥과 큰 원기둥을 선택하고 ⒧을 눌러 가운데 정렬을 합니다.

05 얇은 원기둥 회전 복제하기

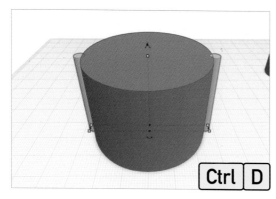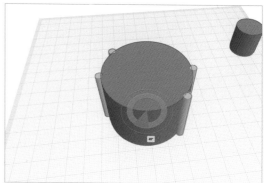

그룹화된 얇은 원기둥을 선택하고 Ctrl+D를 한 번 눌러 복제합니다. 둥근 화살표를 눌러서 45° 회전시켜 줍니다.

06 회전 복제 반복하기

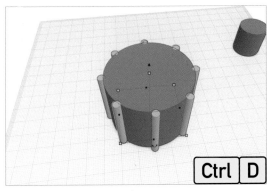 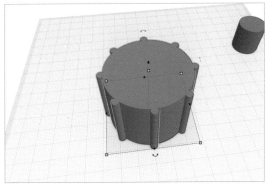

한 바퀴 회전 복제가 되도록 Ctrl + D 를 여러 번 눌러 줍니다. 한 바퀴 패턴이 완성되면 복제를 멈춥니다. 복제된 얇은 원기둥과 가운데 원기둥을 함께 선택하고 "그룹화"를 눌러 패턴이 흐트러지지 않게 하나의 그룹으로 만들어 줍니다.

07 피사의 사탑 1층 완성

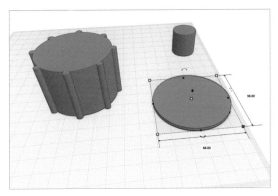 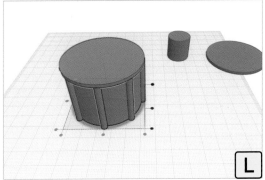

뒤에 있는 원기둥 하나를 복사해서 가져옵니다. 원기둥의 크기를 지름 56mm, 높이는 2mm로 크게 만들어 줍니다. 만들어진 납작한 원기둥을 하나 더 복사하고 Z축 방향으로 위로 35mm 이동합니다. 앞서 만든 도형과 함께 선택하고 L 을 눌러 정렬합니다. 피사의 사탑 가장 아래층이 완성되었습니다.

08 둥근 창 모양 만들기

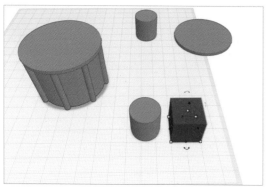 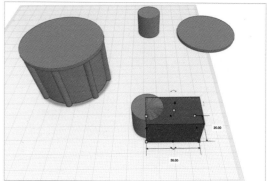

둥근 원기둥 하나를 복사해서 가져옵니다. 빨간색 기본 상자 도형도 가져옵니다. 상자 도형의 한쪽 길이를 35mm로 길게 만들어 줍니다.

09 둥근 창 모양 정렬하고 그룹 만들기

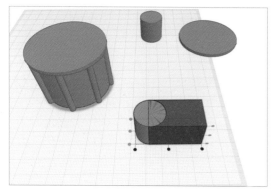 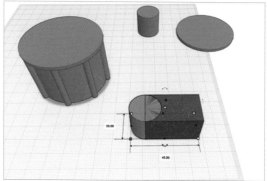

원기둥과 상자 도형을 함께 선택하고 ⌊L⌋을 눌러 정렬을 진행합니다. 원기둥의 지름은 20mm입니다. 상자 도형을 원기둥의 중심과 맞게 위치를 잡았다면, 두 도형을 선택했을 때 가로 길이가 45mm입니다. 크기를 확인한 다음 두 도형은 하나의 그룹으로 만듭니다.

10 2층 만들기 준비

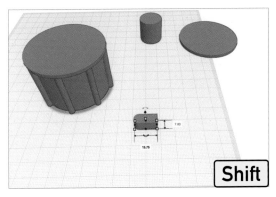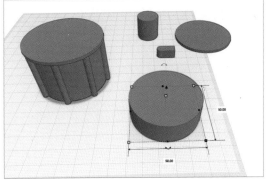

앞서 만들 둥근 창 모양을 Shift 를 누르고 크기를 작게 줄여 줍니다. 둥근 창 모양도 여러 번 사용할 예정이라 옆에다 놓습니다. 둥근 원기둥을 복사해서 가져와 지름 50mm, 높이 17mm 원기둥으로 만듭니다.

11 둥근 창 모양 구멍 도형 만들고 세우기

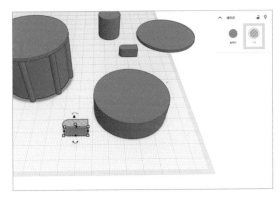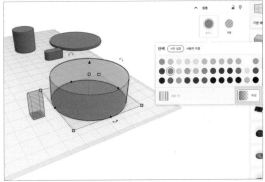

둥근 창 모양을 하나 복사해서 가져옵니다. 도형을 선택하고 "구멍"을 눌러 구멍 도형으로 만듭니다. 둥근 창 모양을 회전해서 세워 줍니다. "기준 평면" 아래로 내려갔다면 D 를 눌러서 "기준 평면" 위로 올립니다. 원기둥은 작업의 편리하게 하기 위해서 일단 안이 보이는 "투명"을 설정해 줍니다.

12 둥근 창 모양 복사하기

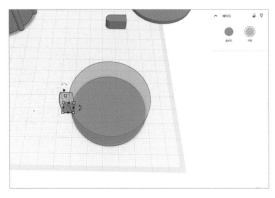 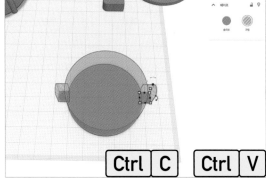

둥근 창 모양을 투명한 원기둥에 조금 겹치게 이동합니다. 둥근 창 모양을 Ctrl+C, Ctrl+V를 눌러 하나 더 복사 및 붙여넣기 합니다. 그리고 키보드 방향키를 이용해서 일직선상에서 옆으로만 이동시켜 줍니다. 두 개의 둥근 창 모양 모두 투명 원기둥과 조금씩 겹쳐 있어야 합니다.

13 둥근 창 모양 정렬하고 그룹 만들기

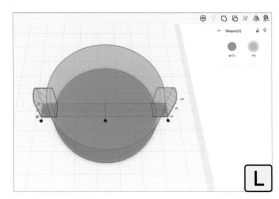 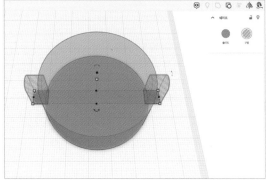

두 개의 둥근 창 모양을 선택하고 L을 누르거나 상단의 "정렬"을 클릭합니다. 일직선으로 잘 움직였다면 X축 방향으로는 정렬이 맞춰져 있을 것입니다. 두 개의 둥근 창 모양을 선택하고 "그룹화"를 눌러 그룹을 만듭니다. 구멍 도형은 구멍 도형끼리 하나의 그룹을 만들 수 있습니다.

둥근 창 모양 복제하기

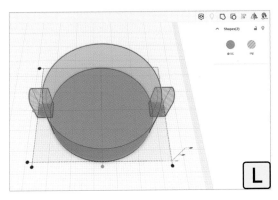

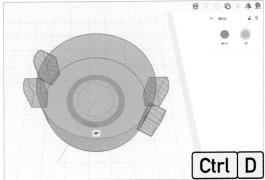

원기둥과 두 개의 둥근 창 모양을 선택하고 L을 누르거나 상단의 "정렬"을 클릭합니다. 가운데 정렬을 합니다. 두 개의 둥근 창 모양을 선택하고 Ctrl+D를 한 번 눌러 복제합니다. 둥근 화살표를 눌러서 30° 회전시켜 줍니다.

15 **그룹 만들고 2층 완성하기**

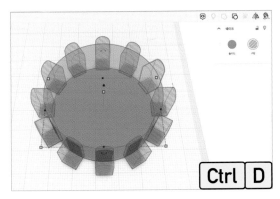

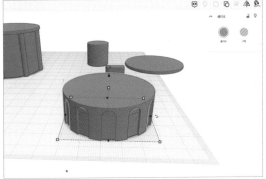

회전 복제가 한 바퀴 반복되도록 Ctrl+D를 여러 번 누릅니다. 한 바퀴 패턴이 완성되면 복제를 멈춥니다. 전체를 선택하고 그룹으로 만들어 줍니다. 원기둥 옆면이 둥근 창으로 홈이 파인, 2층이 완성됐습니다.

16 **자석으로 1층 위에 2층 올리기**

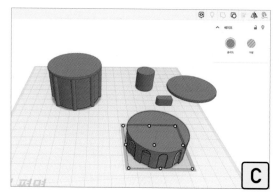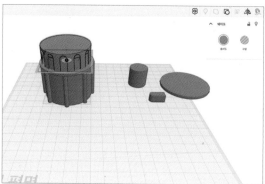

2층을 선택하고 ⓒ를 누릅니다. 자석 기능이 활성화되면서 흰색 둥근 점들이 나타납니다. 도형 가운데의 흰색 둥근 점을 클릭한 상태로, 올리고 싶은 1층의 윗면으로 마우스 커서를 움직입니다. 2층 도형이 1층 위로 올라갑니다.

17 **2층 복제하기**

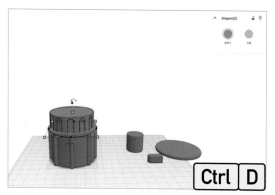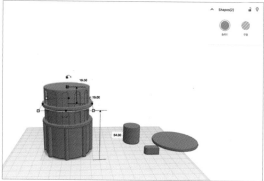

1층 위에 납작한 원기둥과 2층을 선택하고 Ctrl+D를 한 번 눌러 복제합니다. 그다음 Z축 방향 위로 이동합니다. 복제되어 나타난 3층은 "기준 평면"으로부터 54mm 떨어져 있습니다.

18 복제해서 7층 만들기

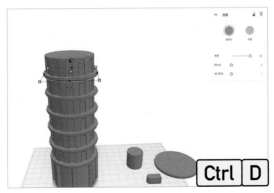 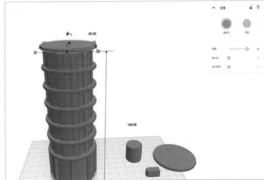

Ctrl+D를 여러 번 누릅니다. 7층까지 만든 후에 복제를 멈춥니다. 마지막 층 밑에 있는 얇은 원기둥을 선택하고 Ctrl+D를 한 번 눌러 줍니다. 위로 17mm 이동시킵니다. "기준 평면"에서 떨어진 길이는 총 150mm입니다.

19 꼭대기 층 만들기

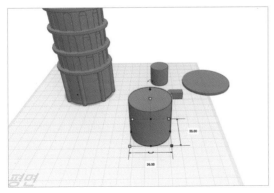 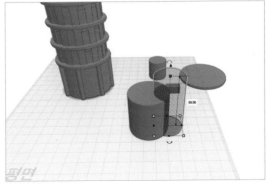

둥근 원기둥을 복사해 가져옵니다. 지름 35mm, 높이 35mm로 크기를 바꿔 줍니다. 도형을 하나 더 복사 및 붙여넣기 합니다. 복사된 도형은 지름 26mm, 높이 50mm로 크기를 바꿔 줍니다. 그리고 구멍 도형으로 만듭니다.

20 꼭대기 층 도형 복사하기

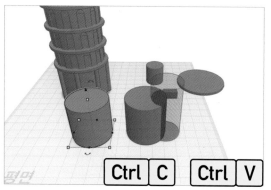 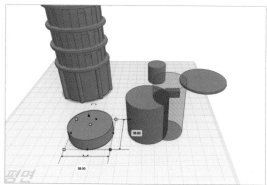

지름 35mm 둥근 원기둥을 선택해서 Ctrl + C , Ctrl + V 를 눌러 하나 더 복사 및 붙여넣기 합니다. 지름 38mm, 높이 10mm로 크기를 바꿔 줍니다.

21 꼭대기 층 1차 정렬하기

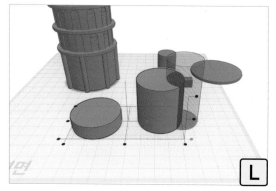 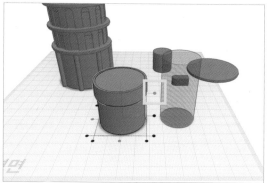

지름 35mm 원기둥과 지름 38mm 원기둥 두 개를 Shift 를 누른 상태로 함께 선택합니다. L 을 눌러 정렬을 활성화합니다. "작업 평면"을 기준으로는 가운데 정렬을 하고 Z축 방향으로는 위쪽 정렬합니다.

22 꼭대기 층 2차 정렬하기

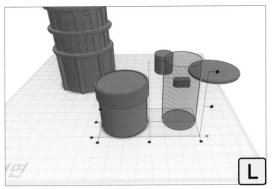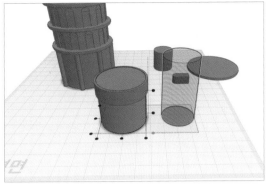

지름 35mm 원기둥과 지름 26mm 구멍 원기둥 도형을 Shift 를 누른 상태로 함께 선택합니다. L 을 눌러
정렬을 활성화합니다. 그다음 지름 35mm 원기둥을 다시 한번 클릭합니다. 그러면 지름 35mm 원기둥이
기준 도형이 되며 움직이지 않습니다.

23 꼭대기 층 그룹 만들기

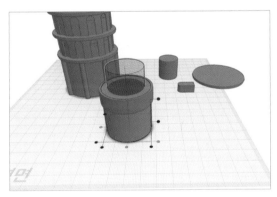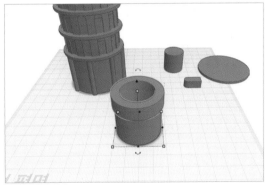

가운데 정렬을 합니다. 26mm 구멍 원기둥 도형만 움직여서 정렬이 맞춰집니다. 지름 35mm 원기둥, 지
름 38mm 원기둥, 지름 26mm 구멍 원기둥 세 개를 Shift 를 누른 상태로 함께 선택합니다. 그다음 "그룹
화"를 눌러 그룹으로 만듭니다.

24 둥근 창 모양 사용하기

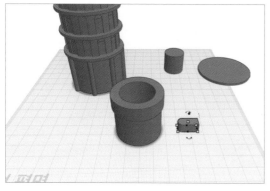 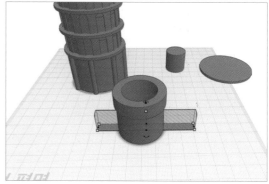

앞서 만든 둥근 창 모양 도형을 가져옵니다. 도형을 선택해 "구멍"을 눌러 구멍 노형으로 만들고 둥근 창 모양을 회전해서 세워 줍니다. "기준 평면" 아래로 내려갔다면 D 를 눌러서 "기준 평면" 위로 올려 줍니 다. 가로 방향으로 길이를 길게 만듭니다.

25 정렬하고 복제하기

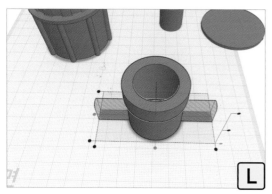 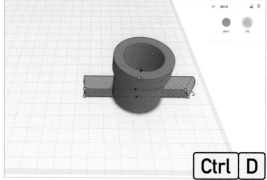

꼭대기 층 원기둥 도형과 둥근 창 모양 도형 두 개를 Shift 를 누른 상태로 함께 선택합니다. L 을 눌러 정렬을 활성화합니다. "작업 평면"을 기준으로는 가운데 정렬합니다. 정렬한 다음에 구멍 도형을 선택하 고 Ctrl + D 를 한 번만 눌러 복제합니다.

26 구슬길 벽 복제하기

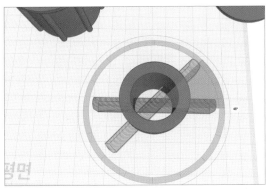 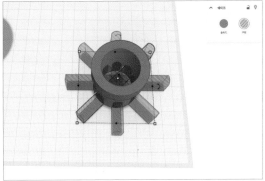

둥근 화살표를 눌러서 35° 회전시킵니다. 회전 복제가 한 바퀴 반복될 수 있게 `Ctrl`+`D`를 여러 번 누릅니다. 한 바퀴 패턴이 완성되면 복제를 멈춥니다.

27 꼭대기 층 모양 완성

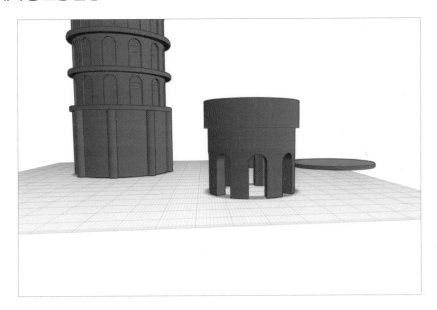

전제를 선택하고 그룹으로 만들어 줍니다. 원기둥 옆에 둥근 창 모양으로 반복적인 구멍이 생겼습니다. 피사의 사탑 꼭대기 층 모양이 완성되었습니다.

28 자석으로 꼭대기 층 올리기

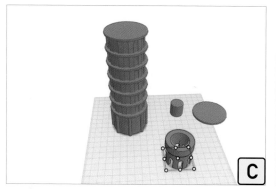

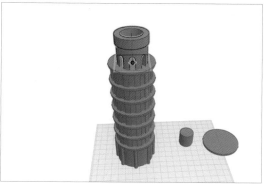

앞서 완성된 꼭대기 층을 선택하고 Ⓒ를 누릅니다. 자석 기능이 활성화되면서 흰색 둥근 점들이 나타납니다. 도형 가운데의 흰색 둥근 점을 클릭한 상태로, 올리고 싶은 꼭대기 층 윗면으로 마우스 커서를 움직입니다. 도형이 위로 올라갑니다.

29 전체 정렬하고 하나의 그룹 만들기

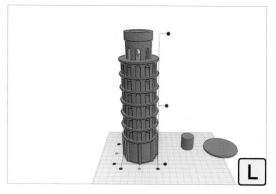

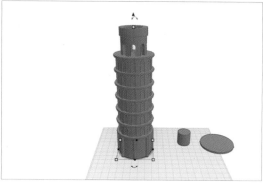

피사의 사탑 모든 층이 완성되었습니다. 전체를 선택하고 Ⓛ을 눌러 정렬을 활성화합니다. "기준 평면"을 기준으로 가운데 정렬을 진행합니다. 정렬이 완료된 다음, 피사의 사탑을 하나의 그룹으로 묶어 줍니다. 전체를 선택하고 "그룹화"를 클릭합니다. 복제로 만든 도형이 많아 하나의 그룹으로 만드는 데 시간이 조금 걸립니다. 잠시 기다려 줍니다.

30 피사의 사탑 기울이기

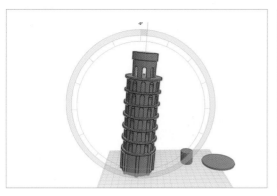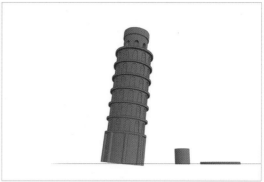

하나의 그룹으로 만든 피사의 사탑을 5° 기울입니다. 마우스로 둥근 화살표를 클릭한 다음 커서를 도형과 멀리 이동시킵니다. 그러면 1°씩 미세하게 기울일 수 있습니다. 또는 각도를 나타내는 숫자창을 클릭하고 5를 입력합니다.

31 피사의 사탑 완성

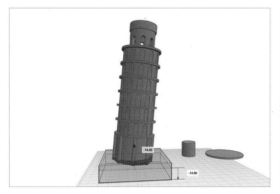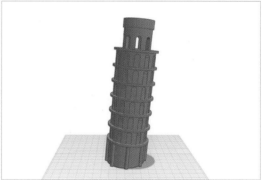

피사의 사탑이 기울어지면서 바닥도 함께 기울어졌습니다. 구멍 상자 도형을 가져옵니다. 구멍 상자 도형을 크게 만든 다음 Z축 아래로 이동시킵니다. 피사의 사탑과 구멍 도형을 그룹해서 아래를 평평하게 잘라 줍니다. 피사의 사탑이 "기준 평면" 위에 떠 있다면 D 를 눌러 "기준 평면" 위에 붙여 줍니다. 피사의 사탑이 완성되었습니다.

픽셀 아트: 판다

🔷 벽돌 작업 공간을 사용해 봅니다.

여러 개의 네모를 복제한 다음 색을 바꿔서 픽셀 아트를 만들어 봅니다.

01 기본 작업 환경과 벽돌 작업 환경의 차이

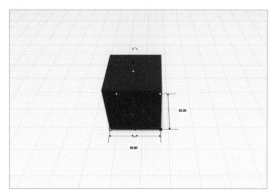
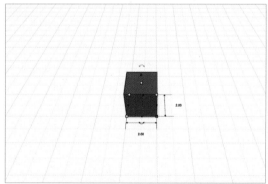

왼쪽은 기본 작업 환경이고 오른쪽은 벽돌 작업 환경입니다. 기본 작업 환경은 mm 단위를 사용하지만 벽돌 작업 환경은 따로 단위가 없습니다. 두 "작업 평면"의 바닥이 다릅니다. 기본 작업 환경은 1mm로 눈금이 표시되어 있고, 벽돌 작업 환경의 눈금은 굉장히 큽니다.

02 작업 공간 설정 바꾸기

작업 공간 아래 있는 "설정"을 클릭합니다. 설정창이 나타납니다. 단위를 "밀리미터(기본값)"에서 "벽돌"로 바꿔 줍니다. 폭 50, 길이 50으로 바꿔 줍니다.

아래의 "설정 닫기"를 클릭합니다. "작업 평면"의 눈금이 바뀐 것을 확인할 수 있습니다.

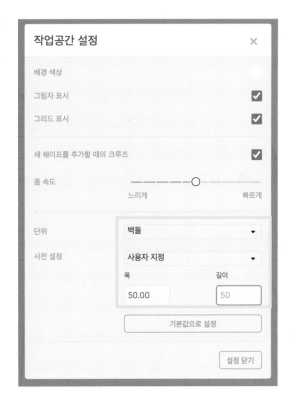

03 벽돌 작업 평면의 특징

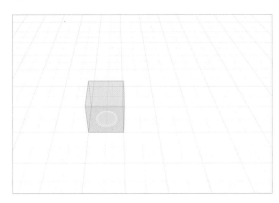 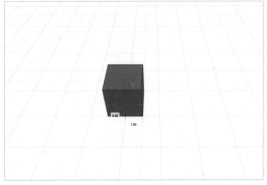

벽돌 "작업 평면"에 상자 도형을 가져옵니다. 그러면 눈금선에 맞게 상자 도형이 위치합니다. 상자 도형을 선택하고 키보드 방향키를 눌러 봅니다. 방향키를 한 번 누를 때 눈금 한 칸씩 이동합니다.

04 상자 픽셀 복제하기

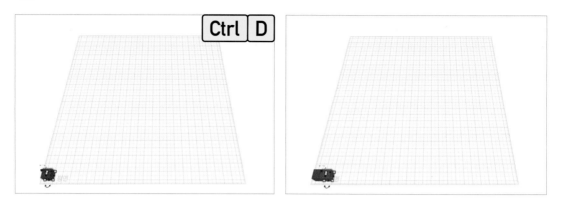

벽돌 "작업 평면"의 왼쪽 아래 모서리로 상자 도형을 가져옵니다. 상자 도형을 선택하고 Ctrl + D 를 한 번 누릅니다. 키보드 방향키를 오른쪽 옆으로 두 번 눌러 줍니다. 상자 도형이 옆 칸으로 이동했습니다.

05 상자 픽셀 한 줄 복제하기

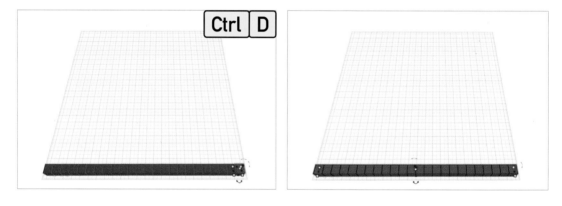

Ctrl + D 를 반복적으로 누릅니다. 벽돌 "작업 평면"의 끝까지 복제를 하고 멈춥니다. 한 줄의 상자 도형이 만들어졌습니다. 한 줄 전체를 드래그로 선택하고 다시 Ctrl + D 를 눌러 줍니다.

06 픽셀 한 면 만들기

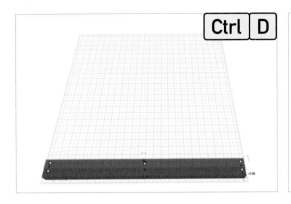

키보드 방향키 위로 두 번을 누릅니다. 복제된 한 줄이 윗칸으로 올라갔습니다. Ctrl+D를 반복적으로 누릅니다. 벽돌 "작업 평면"의 끝까지 복제하고 멈춥니다. 벽돌 "작업 평면"이 반복되는 상자 도형으로 꽉 찼습니다.

07 화면 보기 설정 바꾸기

투시 뷰로 나타나던 작업 화면을 평면 뷰로 바꿔 줍니다. 그다음 뷰 큐브에서 "평면도"를 클릭합니다. 그러면 그림과 같이 상자 도형을 반듯한 모양으로 위에서 내려다볼 수 있습니다.

08 많이 사용하는 색으로 바꾸기

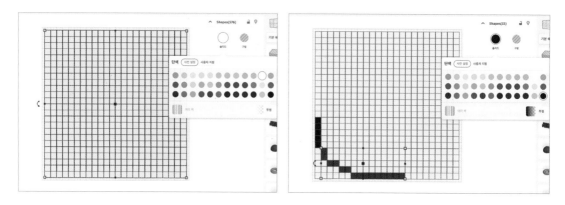

상자 도형 전체를 선택합니다. 만들고자 하는 픽셀아트에서 가장 많이 사용하는 색으로 전제를 바꿔 줍니다. 여기서는 빨간색 대신 흰색으로 바꿨습니다. 상자 도형을 선택해서 원하는 색으로 바꿔 가며 그립니다.

09 여러 개 도형 선택하고 색 바꾸기

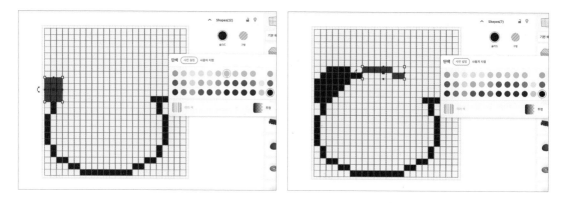

여러 도형을 선택할 때는 Shift 를 누르고 클릭합니다. 한꺼번에 모든 색을 바꾸려고 하지 않습니다. 5~6 개 정도 선택하고 색을 바꾸고, 또 선택하고, 색을 바꾸고를 반복합니다.

10 바깥 모양 먼저 색 바꾸기

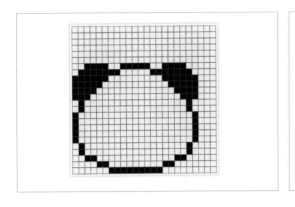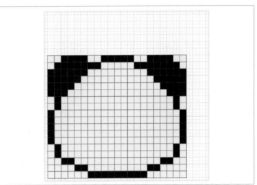

픽셀 아트의 가장 바깥 모양의 색을 먼저 바꿔 줍니다. 사용하지 않는 상자 도형은 선택해서 지웁니다.

11 판다 안쪽 색 바꾸기

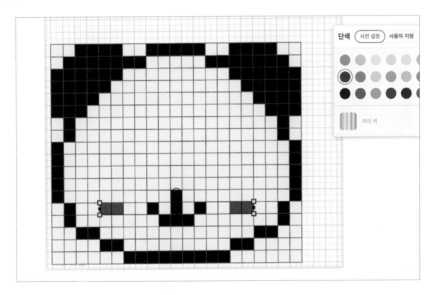

판다의 얼굴 모양을 만들기 위해 도형을 선택하고 색을 바꿔 줍니다. 픽셀 아트가 꼭 좌우 대칭으로 만들어지지 않아도 됩니다.

12 판다 그림 완성하기

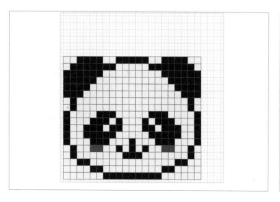 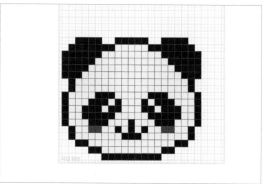

안쪽 얼굴의 상자 도형의 색을 모두 바꿨습니다. 주변에 사용하지 않는 도형을 모두 삭제합니다.

13 픽셀 아트의 벽돌 개수 확인하기

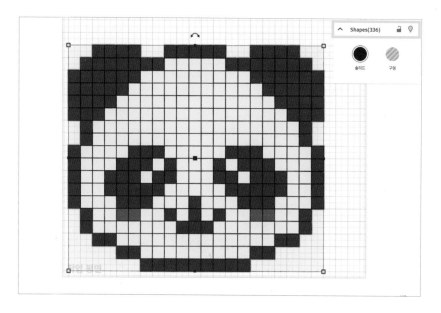

판다 얼굴입니다. 판다 얼굴을 만드는 데 사용된 픽셀은 총 몇 개일까요? 전체를 선택합니다. 그러면 수정창에서 몇 개의 도형이 선택되었는지 알 수 있습니다. 이 판다는 총 336개의 상자 도형으로 만들어졌습니다.

14 그룹으로 만들고 여러 색

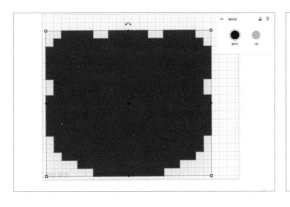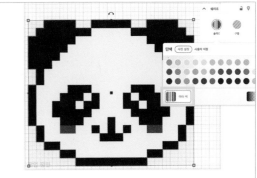

전체 상자 도형을 선택한 다음 그룹으로 만듭니다. 그룹이 되면 색이 같아집니다. 그러면 솔리드 팔레트를 클릭해서 "여러 색"을 클릭합니다.

15 픽셀 아트 판다 완성

픽셀 아트 판다가 완성되었습니다. 만약 3D 프린터로 출력한다면 지금 이 상태에서는 판다 얼굴이 나타나지 않고 평면으로 출력됩니다. 3D 프린팅을 위해서는 다른 색의 도형이 서로 다른 높이를 가져야 합니다. 그래야 출력했을 때 높이 차이로 판다의 얼굴을 확인할 수 있습니다.

PART
04

심랩 (Sim Lab)

3D 디자인을 만들고 간단한 물리법칙을 적용해 보겠습니다.
넘어지고, 구르고, 점프하는 시뮬레이션을 만들어 보겠습니다.

심랩 등장

2023년 3월 틴커캐드에 완전히 새로운 기능이 생겼습니다.

Sim Lab!

Simulation을 줄여서 Sim Lab으로 부릅니다. 한글로도 그대로 **심랩**으로 적겠습니다. 심랩은 틴커캐드로 만든 3D 모델링에 간단한 물리법칙을 적용해서 떨어지고, 넘어지고, 구르고, 부딪치는 등의 동작을 시뮬레이션하는 기능입니다. 간단한 동작들을 연결해 나가면 끝없이 만들고 플레이할 수 있습니다.

Put Designs in Motion with Tinkercad Sim Lab

Team Tinkercad
Mar 23, 2023

Welcome to Tinkercad Sim Lab, a new feature that will help your students build momentum with their 3D designs. It is a place to have fun while learning STEAM concepts.

✦ 무엇을 디자인하고 플레이해 볼까요?

Dominoes

Roller Coaster / Marble Track

Marble Mazes

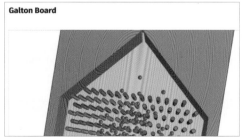

Galton Board

도미노, 롤러코스터, 구슬 길, 이항분포 실험기, 지레의 원리, 발사체 등을 3D 모델링으로 만들어 실험할 수 있습니다. 크기, 재질, 위치, 속도 등 각 요소의 변화에 따라 달라지는 움직임을 끊임없이 테스트하고 수정해 볼 수 있습니다. 미국의 STEM 교육의 일환으로 학생들이 저마다의 프로젝트를 만들고 실험하거나, 같은 주제를 각자 다른 디자인으로 만들어 플레이합니다.

✦ 떨어지는 사과

3D 모델링을 만든 다음 오른쪽 상단의 사과 모양의 아이콘을 누르면 심랩으로 이동합니다.

떨어지는 사과? 무엇이 떠오르나요? 뉴턴이 떨어지는 사과를 보고 중력의 법칙을 깨달은 이야기를 들어 봤을 것입니다. 심랩 공간에서는 기본적으로 중력이 작용합니다.

✦ 심랩은 지구 같은 물리적 공간

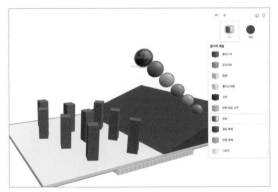
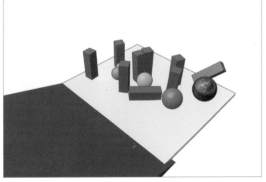

단순히 중력만 작용하는 게 아니라 마치 지구 같은 공간이라고 생각하면 됩니다. 구 도형은 경사면을 굴러가고, 상자 도형도 경사면을 미끄러지다가 멈춥니다. 마찰력이 있습니다!

도형이 크면 무겁습니다. 도형이 서로 부딪치면 작은 도형이 더 멀리 튕겨 나갑니다. 밀도가 높은 강철 재질일 때 도형은 더 무거워집니다. 도형이 공중에 높이 떠 있으면 위치 에너지가 높습니다.

아주 잔잔한 바람도 있어서 면적이 좁고 높은 도형은 서 있지 못하고 쓰러집니다. 대신 "정적으로 만들기"라는 고정 기능을 사용하면 공중에 떠 있을 수 있습니다. 책의 활동을 진행하면서 다양한 기능을 사용해 봅시다.

심랩 시작하기 전에

✦ 기본 기능을 충분히 익혀 주세요!

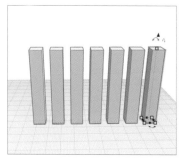 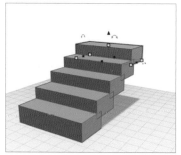 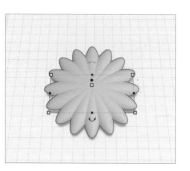

앞선 파트에서 소개한 기본 기능을 충분히 익혔나요? 도형이 떨어지고, 넘어지고, 구르기 때문에 360° 화면을 자유롭게 회전하면서 볼 수 있어야 합니다. 도형의 이동과 원하는 방향으로의 회전은 기본입니다. 도형 위에 도형을 올릴 때 정확한 치수를 확인하고 올려야 하는 경우도 있습니다. 특히 복제 기능을 많이 사용하므로 Ctrl + D 로 반복적인 형상을 만드는 방법은 꼭 알고 있어야 합니다.

✦ 정확하지 않으면 흔들리고, 넘어지고, 폭발합니다!

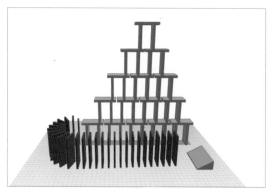 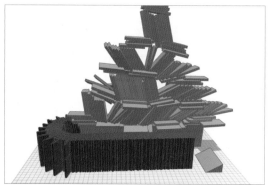

3D 디자인에서는 책과 비슷하게 만들었는데, 심랩으로 넘어가면 도형이 이상한가요?
Ctrl + D 를 잘못 사용하면 같은 자리에 반복적으로 도형이 복제됩니다. 그러면 심랩에서는 복제된 수만큼 도형이 늘어나 마치 폭발하는 것처럼 보입니다. 도형의 크기가 너무 작거나 높이가 제대로 위치하지 않으면, 건드리지 않아도 우르르 무너지기도 합니다.

✦ 3D 디자인 화면과 심랩 화면의 이동

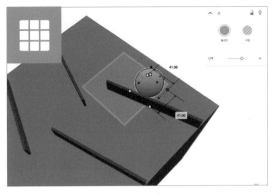

3D 디자인

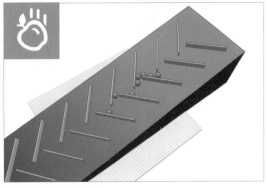

심랩

도형의 크기, 위치 등 3D 모델링 수정은 "3D 디자인"에서 이루어집니다. 도형의 재질을 선택하고 움직임을 제한하는 고정은 "심랩"에서 이루어집니다. 원하는 동작을 만들고 확인하고 수정하기 위해서 "3D 디자인"과 "심랩"의 작업 공간을 반복적으로 왔다 갔다 해야 합니다. 책에서는 어떤 작업 공간에서 진행되고 있는지 아이콘으로 표시하고 있습니다. 네모 9개 모양의 아이콘은 "3D 디자인", 떨어지는 사과 아이콘은 "심랩"입니다.

정확히 작업 공간을 확인하면서 진행합시다.

✦ 기쁜 마음으로 다시 실험해 봅시다!

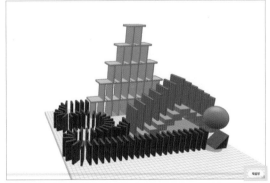

원하는 시뮬레이션 동작을 한 번에 성공하지 못할 수 있습니다. 현실에서 만들었다면 포기하고 싶은 마음이 생길지도 모르지만, 심랩은 쉽게 다시 시도할 수 있습니다. 하단의 "재설정"을 클릭하면 넘어진 도미노가 모두 일어납니다!

첫 시도에 잘 안 되더라도 기쁜 마음으로 다시 실험해 봅시다!

던지기 활동 1: 장난감 던지기

커다란 통을 만들고 그 안에다 장난감을 던져서 넣어 봅니다.
심랩을 시작하고 재설정하는 방법을 알아봅니다.

01 통 만들기

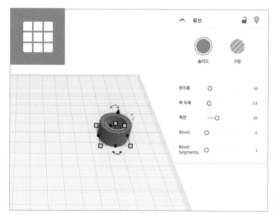

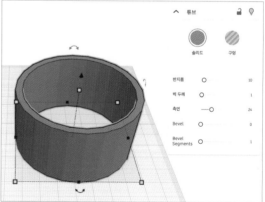

3D 디자인 작업 화면 입니다. 튜브 도형을 가져옵니다. 도형의 크기를 Shift 를 누른 상태로 키웁니다. 수정창에서 "벽 두께" 값을 낮춥니다. "벽 두께"가 너무 두꺼우면 장난감이 담기지 않습니다. 통의 높이도 너무 낮지 않게 만듭니다. 그림과 같이 주황색 통이 생겼습니다.

02 3D 디자인 작업에서 심랩 들어가기

3D 디자인 작업을 마친 다음 심랩으로 이동합니다. 심랩은 오른쪽 위의 사과 모양의 아이콘을 클릭하면 들어갈 수 있습니다.

03 심랩에서 장난감 던지기

심랩 화면입니다. 하단에 있는 삼각형 플레이 버튼을 먼저 누릅니다. 또는 Space Bar 를 누릅니다. 그다음 빈 공간을 클릭해 봅니다. 클릭한 수만큼 다양한 장난감이 던져집니다. 주황색 통 안에 장난감이 많이 들어가게 해 봅시다. 처음부터 다시 시작하고 싶다면 오른쪽 아래의 "재설정"을 클릭합니다. 3D 디자인 작업 화면으로 다시 돌아가기 위해서는 사과 왼쪽에 있는 네모 9개 아이콘을 눌러 줍니다.

던지기 활동 2: 타깃 맞추기

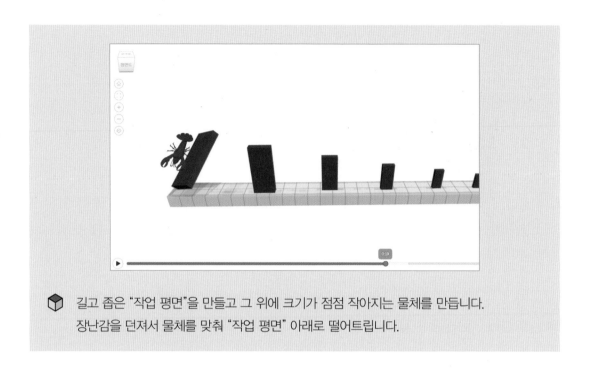

길고 좁은 "작업 평면"을 만들고 그 위에 크기가 점점 작아지는 물체를 만듭니다.
장난감을 던져서 물체를 맞춰 "작업 평면" 아래로 떨어트립니다.

01 길고 좁은 작업 평면 만들기

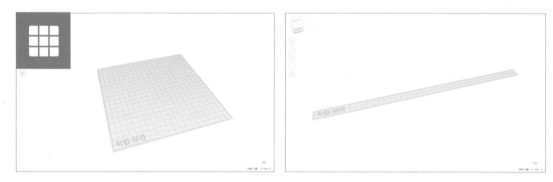

3D 디자인 작업 화면입니다. "작업 평면"은 땅과 같습니다. "작업 평면"을 넘어가면 도형은 아래로 떨어지게 됩니다. 먼저 "작업 평면"을 얇고 길쭉하게 만들어 줍니다.

"작업 평면"의 오른쪽 아래 "설정"을 클릭합니다. 사전 설정에서 폭을 400, 길이를 20으로 설정합니다. 그러면 한쪽 방향으로 길쭉한 "작업 평면"을 만들 수 있습니다.

02 타깃 하나 만들기

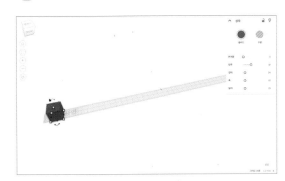
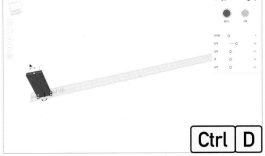

길쭉한 "작업 평면" 위로 상자 도형을 하나 가져옵니다. 상자 도형을 위로 길고 옆으로 좁은 직사각형 모양으로 만들어 줍니다. 도형이 너무 얇으면 서 있지 못하고 그냥 쓰러질 수 있습니다. 적당한 크기로 수정한 다음, 도형을 선택하고 Ctrl + D 를 한 번 눌러 줍니다.

03 타깃 크기 줄이기

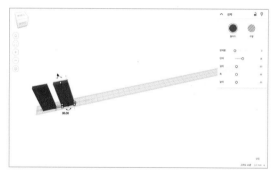 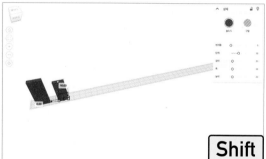

도형을 옆으로 이동합니다. 마우스로 클릭해서 움직이거나 키보드 방향키를 눌러 움직입니다. Shift 를 누른 상태에서 도형 위쪽 가운데에 있는 흰색 점을 클릭하여 도형의 크기를 줄입니다. 선택된 도형이 풀리지 않게 주의합니다.

04 타깃 복제하기

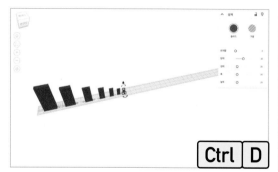 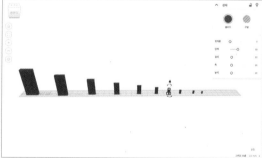

Ctrl + D 를 반복적으로 누릅니다. 점점 작아지는 도형이 생겨납니다. 총 10개의 도형을 만듭니다. 도형과 도형 사이의 거리가 충분히 떨어져 있게 이동시킵니다. 모든 준비가 끝났다면 "사과" 아이콘을 눌러 심랩으로 이동합니다.

05 심랩에서 장난감을 던져 타깃 맞추기

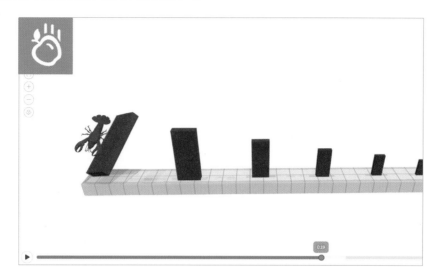

심랩 화면입니다. 왼쪽 아래의 플레이 버튼을 누르고 클릭해서 장난감을 던져 봅시다. 던진 장난감으로 세워져 있는 타깃을 맞춰서 떨어트립시다.

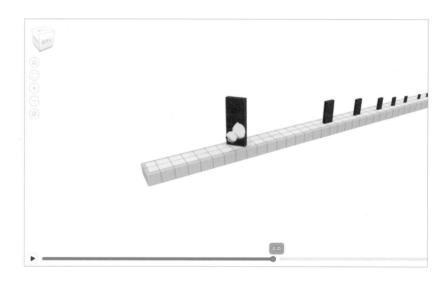

화면을 보는 방향이나 확대, 축소에 따라서 장난감이 날아가는 포물선이 달라집니다. 장난감이 도형을 잘 맞출 수 있게 화면을 조정한 뒤 장난감을 던져 봅시다. 10개의 도형을 모두 맞추는 데 총 몇 번의 장난감을 던졌나요? 다른 모양의 타깃을 만들어 세우고 친구와 바꿔서 플레이해 봅시다.

넘어지기 활동 1: 직선 도미노

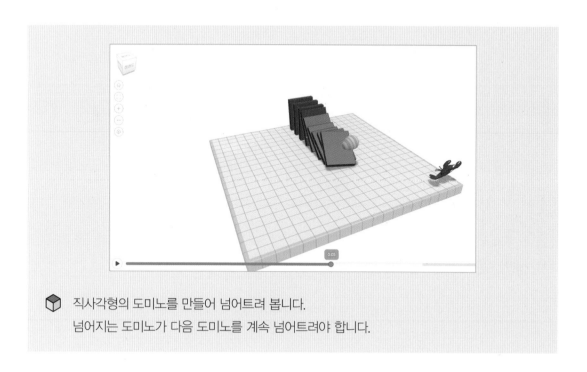

직사각형의 도미노를 만들어 넘어트려 봅니다.
넘어지는 도미노가 다음 도미노를 계속 넘어트려야 합니다.

01 도미노 하나 만들기

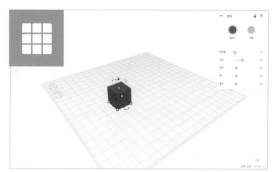

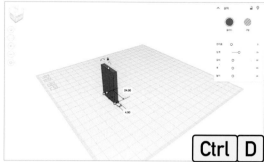

3D 디자인 화면입니다. "작업 평면" 위에 상자 도형을 하나 가져옵니다. 도형을 길고 납작한 모양으로 크기를 바꿉니다. 도미노의 두께는 3~4mm가 좋습니다. 도미노 하나를 만들었으면 선택하고 Ctrl+D를 한 번 누릅니다.

02 ## 02 도미노 직선으로 복제하기

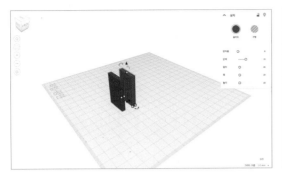 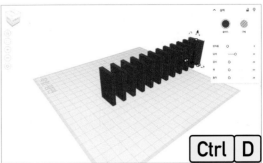

복제한 도미노 하나를 옆으로 이동합니다. [Shift]를 누른 상태에서 마우스로 움직이거나 키보드 방향키를 눌러서 일직선으로 이동합니다. 그다음 [Ctrl]+[D]를 반복적으로 눌러 줍니다. 같은 모양의 도미노가 한 줄로 복제되어 서 있습니다.

03 심랩에서 직선 도미노 넘어트리기

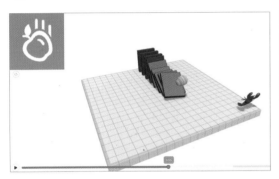 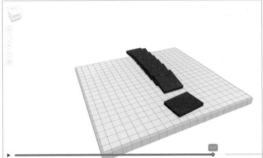

심랩 화면입니다. 클릭해서 장난감을 던져 도미노를 넘어트려 봅니다. 도미노가 넘어지면서 다음 도미노를 쳐서 연속적으로 넘어지나요? "재설정"을 누르면 넘어진 도미노가 다시 세워집니다. 플레이 버튼을 누르고 도미노를 다시 넘어트려 봅시다.

도미노 두께

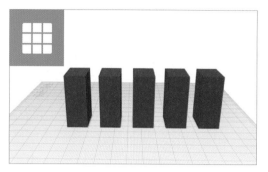 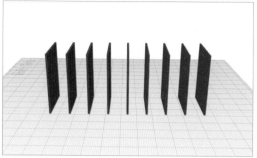

도미노의 두께가 너무 두꺼우면 넘어지지 않습니다. 반대로 너무 얇아도 서 있을 수 없습니다. 얇은 도미노는 3D 디자인 화면에서는 서 있지만, 심랩으로 넘어가면 자동으로 쓰러집니다. 바닥 면적이 너무 좁아서 있을 수 없기 때문입니다.

도미노 간격

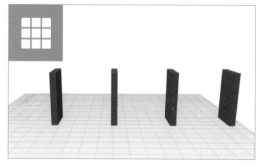 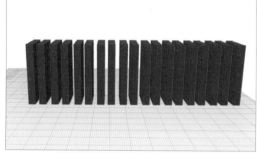

도미노의 간격이 너무 띄엄띄엄 떨어져 있으면 넘어지는 도미노가 다음 도미노를 치기 어렵습니다. 넘어지는 동작이 연속적으로 이어질 수 없습니다. 반대로 도미노의 간격이 너무 촘촘하면 도미노가 넘어지다가 중간에 멈출 수 있습니다. 촘촘하게 세워진 도미노는 넘어질 때 큰 힘이 필요하기 때문입니다.

작업 평면 밖의 도미노

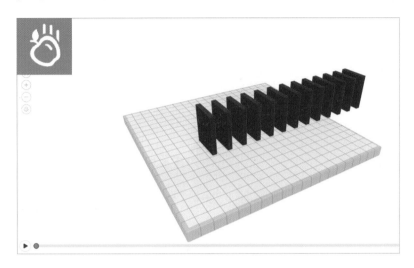

심랩 화면입니다. 3D 디자인에서는 도미노가 "작업 평면" 밖에서도 서 있을 수 있지만, 심랩에서는 중력이 작용하기 때문에 바닥이 없으면 서 있을 수 없습니다.

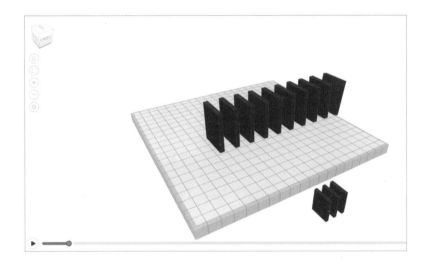

심랩에서 플레이를 누르면 "작업 평면" 밖에 있는 도미노는 중력의 영향으로 아래로 떨어집니다. 도미노를 만들 때 "작업 평면" 밖으로 나가지 않게 주의합니다.

04 넘어지기 활동 2: 곡선 도미노

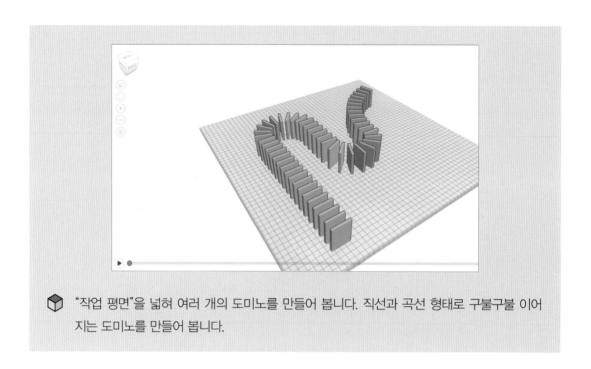

🎲 "작업 평면"을 넓혀 여러 개의 도미노를 만들어 봅니다. 직선과 곡선 형태로 구불구불 이어
지는 도미노를 만들어 봅니다.

01 길쭉한 작업 평면 먼저 만들기

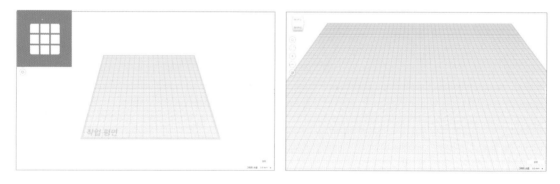

3D 디자인 화면입니다. "작업 평면"은 땅과 같습니다. 많은 도미노를 세우고 다양한 작업을 하기 위해서
는 넓은 "작업 평면"이 있는 게 유리합니다. "기준 평면"보다 더 큰 평면을 만들어서 사용합니다.

"작업 평면"의 오른쪽 아래 "설정"을 클릭합니다. 사전 설정에서 폭을 500, 길이를 500으로 설정합니다. 그러면 "기준 평면"보다 4배 이상 넓은 "작업 평면"을 얻을 수 있습니다.

최대로 넣을 수 있는 값은 폭 1000, 길이 1000입니다. 하지만 너무 넓은 "작업 평면"은 모델링이 작아 보이게 합니다. 또한 심랩으로 넘어갔을 때 버퍼링이 심해질 수 있으므로 주의해서 사용합니다.

02 직선 도미노 만들기

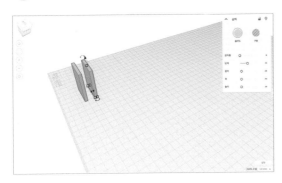 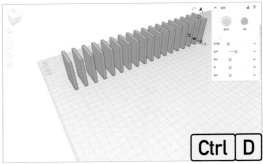

도미노를 만든 방법은 앞선 활동과 동일합니다. 상자 도형을 가져와서 두께 3~4mm의 도미노 하나를 만들어 줍니다. 도미노를 선택해 Ctrl + D 를 눌러 복제합니다. 일직선상으로 옆으로 이동시킨 다음에 Ctrl + D 를 반복적으로 눌러서 직선의 도미노를 만듭니다. 이때 도미노 도형의 선택이 풀리지 않게 주의합니다.

03 도미노 회전하기

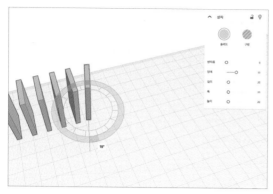
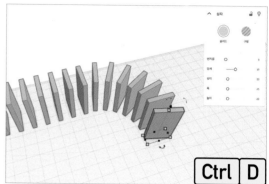

어느 정도 일직선의 도미노를 만든 다음, 가장 마지막에 복제된 도미노로 화면을 확대합니다. 도형 옆에 있는 둥근 화살표를 이용해 도미노를 살짝 회전시켜 줍니다. 도형의 선택은 여전히 풀리지 않았습니다. 다시 반복적으로 [Ctrl]+[D]를 누릅니다. 그러면 도미노가 회전하면서 세워집니다.

04 마지막 도미노에서 복제 시작

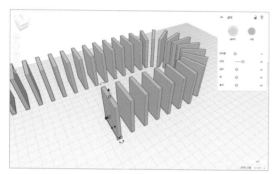
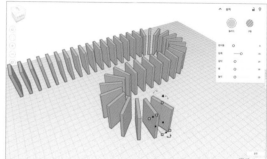

다른 곳을 클릭하여 선택이 풀렸다면 [Ctrl]+[D] 기능을 잃게 됩니다. 그러면 가장 끝에 있는 도미노부터 다시 시작합니다. 가장 끝에 있는 도미노를 선택하고 [Ctrl]+[D]를 누른 다음에 직선으로 이동하고 반복적으로 [Ctrl]+[D] 누르거나, 회전하고 다시 반복적으로 [Ctrl]+[D]를 눌러서 구불구불한 도미노를 만들어 봅시다.

05 심랩에서 곡선 도미노 넘어트리기

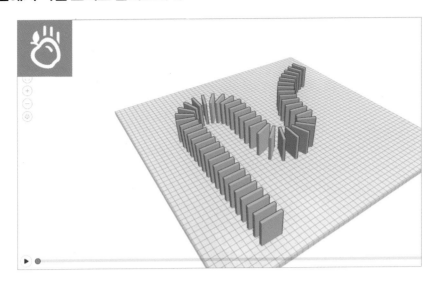

심랩 화면입니다. 도미노를 다 세웠다면 "사과" 아이콘을 눌러 심랩으로 이동합니다. 왼쪽 하단의 플레이 버튼을 누르거나 [Space Bar]를 누릅니다. 빈 공간을 클릭해서 장난감을 던져 도미노의 끝을 맞춰 넘어트려 봅시다.

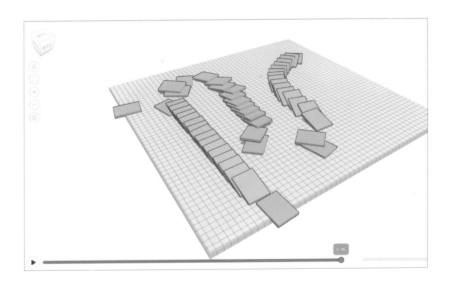

도미노가 세워진 순서대로 순차적으로 넘어지면 성공입니다. 만약 도미노가 중간에 끊긴다면 3D 디자인 화면으로 이동해서 도미노의 간격을 수정해 봅니다.

05 넘어지기 활동 3: 도미노 + 구슬

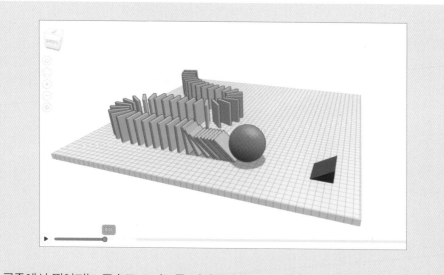

공중에서 떨어지는 구슬로 도미노를 넘어트려 봅니다. 구슬이 도미노를 향해 굴러가게 하기 위해 도형을 고정하는 기능을 이용합니다.

01 구슬 굴릴 공간 만들기

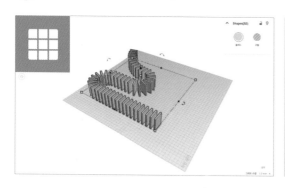
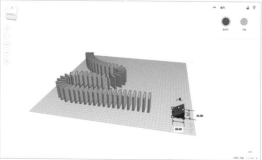

앞서 만든 도미노를 공중에서 떨어지는 구슬로 쳐서 넘어트리게 만들어 봅니다. 우선 도미노 앞에 구슬이 구를 수 있는 공간을 확보합니다. 진한 파란색 삼각기둥을 가져옵니다. 필요하면 크기를 수정합니다.

02 구슬 가져와 띄우기

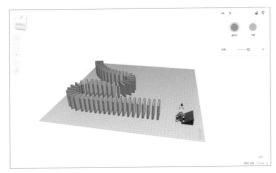 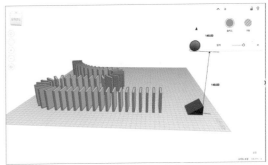

삼각기둥 앞에 구슬로 사용할 구 도형을 가져옵니다. 도형을 선택하면 나타나는 검정색 삼각형을 이용해 Z축 방향으로 위로 올립니다. 구 도형이 높게 위치할수록 더 세게 떨어집니다. 그렇다고 너무 높을 필요는 없습니다. 여기서는 높이를 150mm로 했습니다.

03 심랩 테스트 1

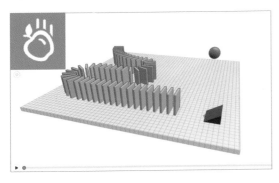 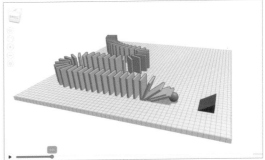

"사과" 아이콘을 눌러 심랩으로 이동합니다. 왼쪽 아래에 있는 플레이 버튼을 누릅니다. 파란색 구슬이 아래로 떨어지면서 진한 파란색 도형과 부딪혀 방향을 바꾸고 도미노를 향해 갑니다. 그런데 구슬이 도미노의 밑부분을 쳐서 도미노가 뒤로 넘어집니다. 정상적인 도미노는 앞으로 넘어집니다. 뒤로 넘어지면 곡선에서 동작을 이어갈 수 없으니 구슬이 윗부분을 칠 수 있게 수정해 봅시다. 3D 디자인으로 이동합니다.

04 구슬의 크기 바꾸고 심랩 테스트 2

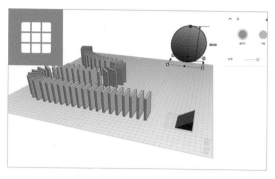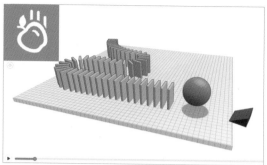

3D 디자인에서 구슬의 크기를 키워 주겠습니다. Shift 를 누르고 구슬의 크기를 키웁니다. 그다음 다시 "사과" 아이콘을 눌러 심랩으로 이동해 플레이 버튼을 눌러 봅니다. 구슬이 커지면서 힘이 강해졌습니다. 그래서 구슬과 부딪힌 진한 파란색 삼각기둥이 기능을 다하지 못하고 날아가 버립니다. 삼각기둥은 고정되어야 합니다.

05 삼각형 고정하고 심랩 테스트 3

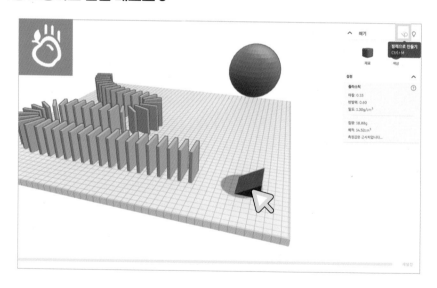

도형의 고정은 심랩에서 할 수 있습니다. "재설정"을 눌러 처음 상태로 원상 복귀 하고 진한 파란색 삼각기둥을 클릭합니다. 그러면 오른쪽 위에 수정창이 나타납니다. 수정창의 위쪽에 있는 "정적으로 만들기" 아이콘을 클릭합니다. 그러면 파란색 삼각기둥은 움직이지 않는 고정 도형이 됩니다.

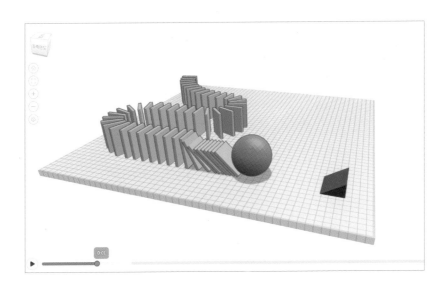

다시 플레이 버튼을 눌러 봅니다. 하늘색 구슬이 떨어지고 진한 파란색 삼각기둥과 부딪힙니다. 하늘색 구슬은 방향을 바꾸면서 도미노를 넘어트립니다.

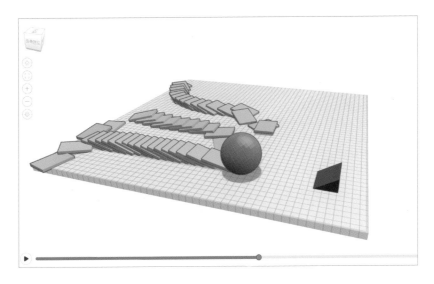

1차 테스트와 다르게 도미노가 앞으로 넘어지면서 세워진 순서대로 넘어집니다. 직선 또는 곡선 형태의 도미노가 끊기지 않고 연속적으로 넘어지면 성공입니다.

넘어지기 활동 4: 계단 도미노

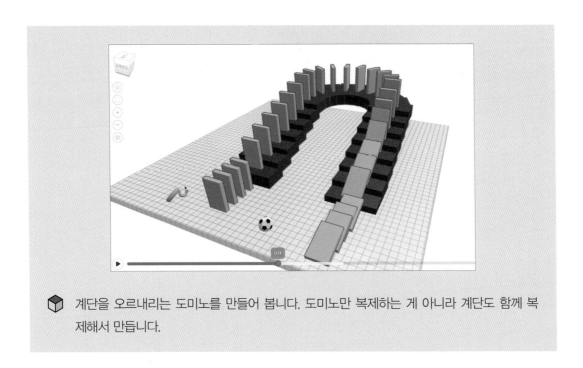

🧊 계단을 오르내리는 도미노를 만들어 봅니다. 도미노만 복제하는 게 아니라 계단도 함께 복제해서 만듭니다.

01 기본 계단 만들기

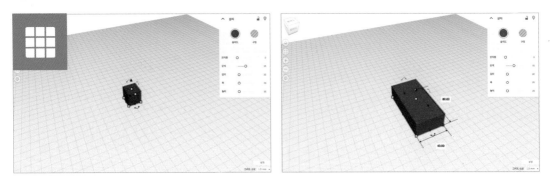

3D 디자인 화면입니다. "작업 평면"의 크기는 설정에서 폭 500, 길이 500으로 합니다. 계단 도미노의 핵심은 계단과 도미노를 따로 만들지 않고 함께 만들어서 복제한다는 것입니다. 먼저 빨간색 상자 도형을 가져와 계단의 형태로 길쭉한 직사각형을 만들어 줍니다.

02 계단 위에 도미노 만들기

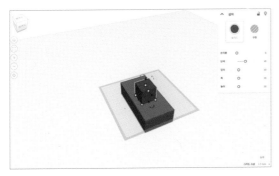 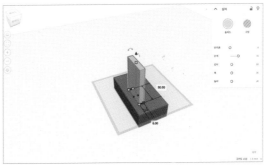

새로운 상자 도형을 가져와 앞서 만든 계단 윗면으로 마우스 커서를 이동합니다. 자동으로 활성화된 자석 기능으로 인해 클릭하면 초록색의 "순간 평면"이 나타나면서 그 위로 도형이 붙습니다. 상자 도형을 도미도 형태로 크기를 바꾸고 색도 노란색으로 바꿔 줍니다. 계단 위로 올라가는 도미노는 바람에 쉽게 넘어질 수 있어서 두께를 6mm로 만들어 줍니다.

03 계단과 도미노 정렬하기

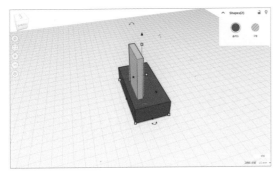 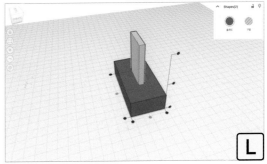

빈 공간의 바닥을 클릭하면 초록색의 "순간 평면"이 사라집니다. 두 도형을 드래그하거나 Shift 를 누른 뒤 클릭해서 선택합니다. L 을 누르거나 오른쪽 위에 "정렬" 기능을 클릭합니다. 노란색의 도미노가 빨간색의 계단의 중심에 위치하도록 정렬시킵니다.

04 계단과 도미노 위로 복제하기

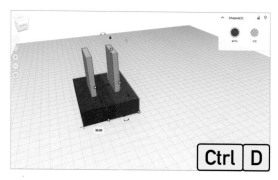
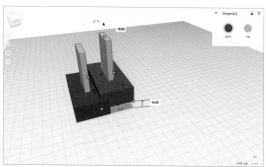

가운데로 정렬된 두 도형을 드래그로 함께 선택합니다. 그다음 Ctrl + D 를 누릅니다. 키보드 방향키로 옆으로 움직여 줍니다. 계단이 도미노와 겹치지 않게 하면서 충분히 움직입니다. Ctrl + ↑ 를 눌러서 Z축 방향으로 위로 올라가게 합니다. 계단과 계단 위의 도미노가 함께 움직입니다.

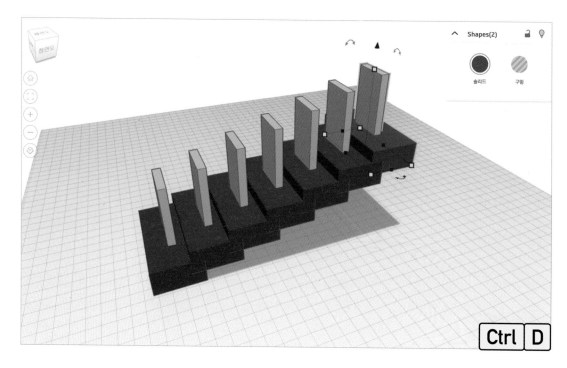

Ctrl + D 를 반복적으로 누릅니다. 복제 기능이 실행되면서 계단과 도미노가 복사될 뿐만 아니라, 위치가 옆으로 그리고 위로 움직인 상태로 복제됩니다. 올라가는 계단과 그 위에 있는 도미노를 만들 수 있습니다.

05 계단과 도미노 회전 복제하기

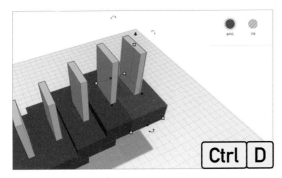 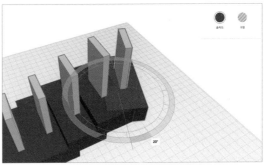

복제된 도미노의 가장 끝에 있는 계단과 도미노를 선택합니다. 두 도형을 함께 선택하기 위해 Shift 를 누른 상태에서 두 도형을 클릭합니다. 그다음 Ctrl + D 를 눌러 복제하고 각도를 회전해 줍니다. 도미노가 넘어질 때 다음 도미노를 넘어트려야 하기 때문에 도미노의 간격이 너무 벌어지지 않게 확인하고 회전 각도를 설정합니다.

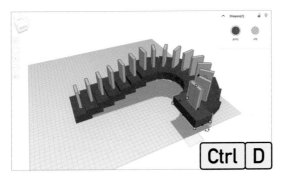 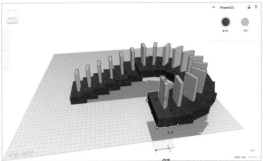

Ctrl + D 를 반복적으로 누릅니다. 계단과 그 위에 있는 도미노가 함께 복제되면서 회전합니다. 시작한 지점에서부터 180° 가량 회전시켰다면, 복제를 정지하고 빈 바닥을 클릭합니다.

06 계단과 도미노 아래로 내려가기

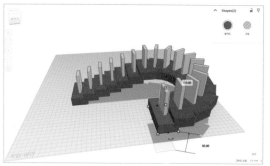
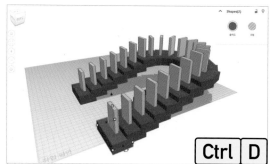

복제된 도미노의 가장 끝에 있는 계단과 도미노를 선택합니다. 그다음 Ctrl + D 를 눌러 복제합니다. 키보드 방향키로 옆으로 이동합니다. Ctrl + ↓ 방향키로 Z축 방향 아래로 내려갑니다. 그리고 Ctrl + D 를 연속적으로 눌러 복제합니다. 빨간색 계단은 하늘색 "기준 평면" 아래로 내려가도 괜찮지만, 노란색 도미노는 하늘색 "기준 평면" 아래로 내려가면 안 됩니다. 노란색 도미노가 하늘색 "기준 평면" 아래로 내려가기 전에 복제를 멈춥니다.

07 심랩 테스트 1

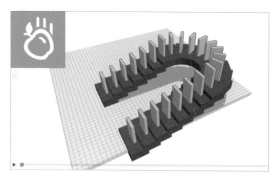
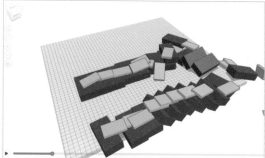

"사과" 아이콘을 눌러 심랩으로 이동하고 플레이 버튼을 눌러 줍니다. 계단과 도미노가 와르르 무너집니다. 빨간색 계단은 움직이지 않는 물체로 고정해야 합니다. 이 많은 계단을 하나하나 고정하는 건 매우 귀찮습니다. 고정할 도형들을 3D 디자인에서 그룹으로 만들어 줍니다.

08 고정할 계단만 그룹으로 만들기

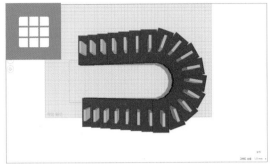 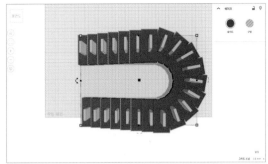

3D 디자인 화면입니다. 왼쪽 위에 있는 뷰 큐브에서 평면도를 선택합니다. 빨간색 계단만 선택될 수 있게 드래그해 줍니다. 만약 드래그로 빨간색 계단만 선택하기 어렵다면, Shift 를 누른 상태에서 빨간색 계단 도형을 모두 선택해 줍니다. 그다음 "그룹화"를 눌러 계단을 하나의 그룹으로 묶어 줍니다.

09 심랩 테스트 2

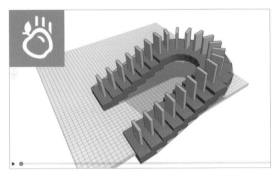 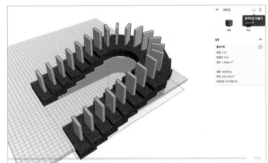

"사과" 아이콘을 눌러 심랩으로 이동합니다. 플레이 버튼을 누르기 전에 그룹화된 계단을 클릭합니다. 그러면 오른쪽 위에 수정창이 나타납니다. 수정창의 위쪽에 있는 "정적으로 만들기" 아이콘을 클릭합니다. 빨간색 계단은 움직이지 않는 고정 도형이 됐습니다. 플레이를 눌러서 계단이 무너지지 않고 도미노가 잘 서 있는지 확인합니다.

10 추가 도미노 더 세우기

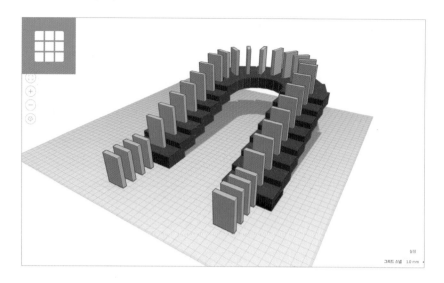

3D 디자인 화면입니다. 계단 도미노의 시작과 끝 부분에 추가로 더 필요한 도미노를 만들어 줍니다. 또는 앞서 활동에서 배운 구슬을 떨어뜨려서 도미노를 치는 도형을 만들어도 됩니다.

11 심랩 테스트 3

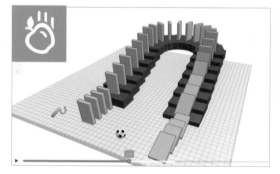 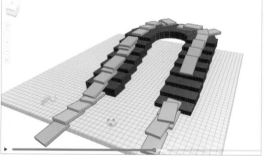

"사과" 아이콘을 눌러 심랩으로 이동합니다. 왼쪽 아래에 있는 플레이 버튼을 눌러 줍니다. 계단이 잘 고정되어 있어야 하고, 스스로 넘어지는 도미노도 없어야 합니다. 클릭해서 장난감을 던져서 도미노를 넘어트려 봅니다. 여러분만의 계단 도미노를 디자인하고 만들어 넘어트려 봅시다.

주의하기

도미노 혼자 넘어져요

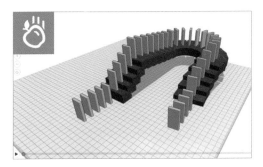 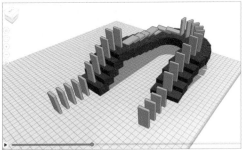

"사과" 아이콘을 눌러 심랩으로 이동합니다. 플레이 버튼을 눌렀더니 아직 도미노를 넘어트리지 않았는데 중간의 도미노가 우르르 무너집니다. 이럴 때는 아래의 두 가지를 확인해 봅시다.

얇은 도미노

심랩에는 약간의 바람이 붑니다. 특히 바닥이 아니라 위로 올라갈수록 바람의 영향력이 더 커집니다. 그래서 "기준 평면"에서는 잘 서 있는 도미노 두께여도, 계단 위에서는 넘어질 수 있습니다. 얇은 도미노는 스스로 넘어지니 도미노의 두께를 바꿔 봅시다.

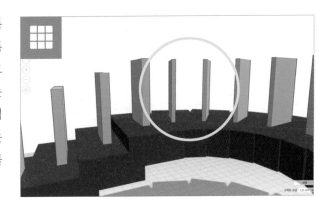

공중에 뜬 도미노

도미노가 계단 위에 정확히 위치해야 합니다. 도미노가 살짝이라도 공중에 떠어져 있다면 심랩 공간에서는 흔들흔들 움직이다가 스스로 넘어질 수 있습니다. 도미노가 계단 아래로 내려가 있어도 마찬가지입니다. 도미노의 위치를 확인합시다.

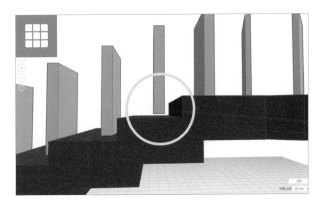

넘어지기 활동 5: 탑 도미노

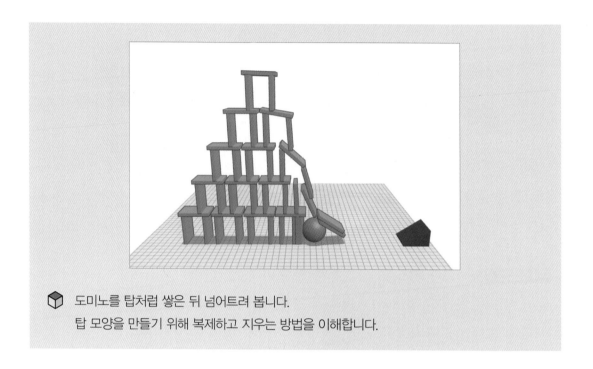

도미노를 탑처럼 쌓은 뒤 넘어트려 봅니다.

탑 모양을 만들기 위해 복제하고 지우는 방법을 이해합니다.

01 기본 도미노 만들기

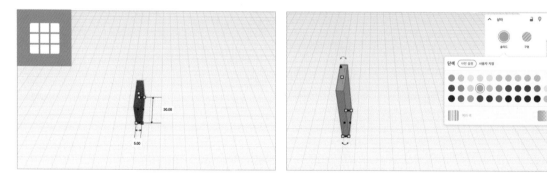

3D 디자인 화면입니다. "작업 평면"의 크기는 설정에서 폭 500, 길이 500으로 합니다. 먼저 기본 상자 도형을 가져와 도미노를 만듭니다. 도미노의 높이와 두께는 책과 다른 크기여도 괜찮지만, 몇 mm로 설정했는지 알아두어야 합니다. 그래야 정확한 높이와 위치를 계산할 수 있습니다. 여기서는 두께 5mm, 폭 35mm, 높이 50mm입니다. 도미노 색은 초록색으로 바꿔 줍니다.

02 탑 도미노의 기본 형태 만들기

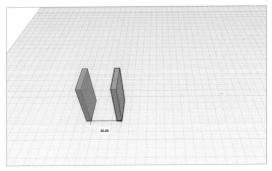 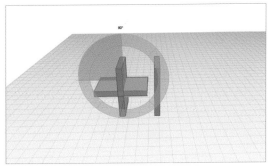

도미노 하나를 Ctrl + D 를 눌러 복제합니다. 일직선상에서 옆으로 이동시킵니다. 키보드 방향키를 이용하거나 Shift 를 누른 상태로 마우스로 이동합니다. 도미노를 Ctrl + D 를 눌러 하나 더 복제합니다. 복제된 도미노를 선택하고 둥근 화살표를 클릭해서 90° 회전합니다.

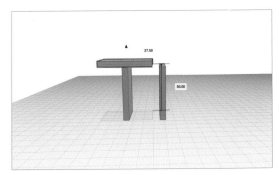 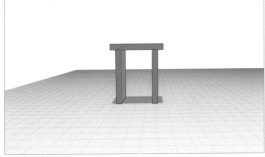

회전한 도미노는 Z축 방향으로 위로 이동합니다. 정확한 위치에 올리지 않으면 심랩을 실행했을 때 건드리지 않아도 도미노 탑이 우르르 무너질 수 있습니다. 위로 이동한 도미노는 세워져 있는 도미노 바로 위로 정확하게 올라가야 합니다. 높이는 도미노 하나의 높이인 50mm입니다.

03 탑 도미노 한 층 만들기

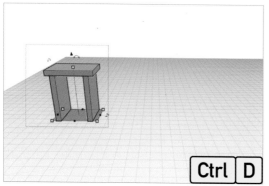

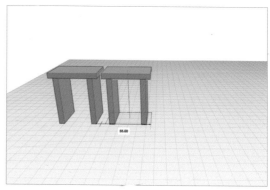

"ㅠ" 모양의 기본 형태가 만들어졌습니다. 세 개의 도미노를 선택합니다. 드래그로 선택하거나 Shift 를 누른 상태에서 마우스로 클릭해서 선택합니다. 그다음 Ctrl + D 를 눌러 복제합니다. 키보드 방향키나 Shift 를 누른 상태에서 마우스로 움직여 일직선상으로 옆으로만 움직입니다.

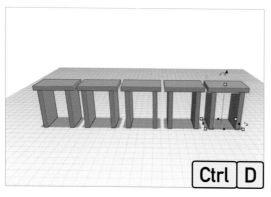

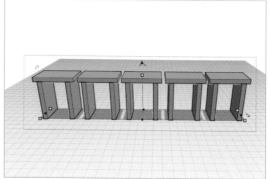

Ctrl + D 를 반복적으로 눌러 줍니다. 총 5개의 "ㅠ" 모양 도미노가 생겼습니다. 이 도미노는 동일한 간격으로 세워졌습니다. 이렇게 만들어진 한 줄이 탑 도미노의 한 층입니다. 이번에는 드래그해서 전체 한 줄을 선택합니다.

04 여러 층 복제하기

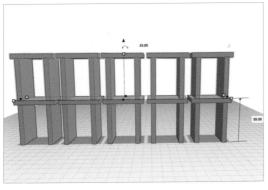 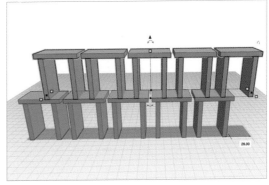

Ctrl + D 를 눌러 복제합니다. Z축 방향으로 위로 이동합니다. 높이는 도미노의 높이에 도미노 하나의 두께를 더한 값입니다. 여기서는 50 + 5 = 55mm를 이동합니다. 그다음 키보드 방향키를 눌러 옆으로 이동합니다. "ㅠ" 형태의 도미노가 아래층의 도미노와 서로 엇갈려서 지지할 수 있을 만큼 이동합니다.

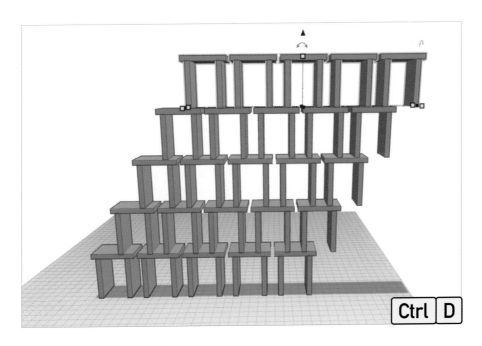

Ctrl + D 를 반복적으로 눌러 줍니다. 위 그림과 같은 형태의 도미노 탑이 만들어집니다. 1층에서 "ㅠ" 형태를 5개 복제해서 만들었다면, 위로 올라가는 복제도 5번, 즉 5층을 만들어 줍니다.

05 필요 없는 부분 지우기

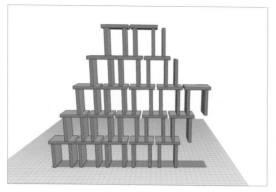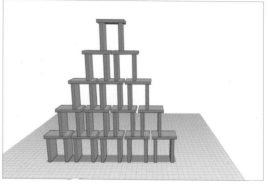

일정한 간격을 쉽게 모델링하기 위해서 복제 기능을 사용했습니다. 이때 필요 없는 부분도 생기므로 삭제해야 합니다. 탑 도미노를 하나씩 쌓아 올라가는 방식보다 복제 단축키인 Ctrl+D를 최대한 활용한 다음 필요 없는 부분을 지워 주는 방식으로 모델링을 하면 더 편리합니다.

06 탑 도미노를 넘어트릴 구슬 만들기

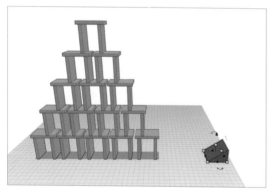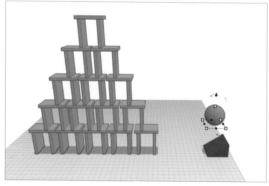

탑 도미노를 넘어트릴 장치를 만들어 줍니다. 도미노가 넘어지며 밑부분을 칠 수도 있고, 구슬이 굴러와서 밑부분을 칠 수도 있습니다. 여기서는 구슬을 사용하기 위해 바닥에는 삼각기둥을 두고, 하늘색 구슬을 가져와 크기를 키우고 높이를 조정했습니다.

07 심랩에서 삼각기둥 고정하기

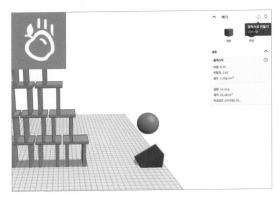
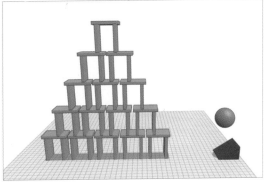

"사과" 아이콘을 눌러 심랩으로 이동합니다. 먼저 구슬 밑에 있는 진한 파란색 삼각기둥을 클릭하고 수정 창에서 "정적으로 만들기"를 클릭합니다. 진한 파란색 삼각기둥은 움직이지 않는 도형으로 고정합니다.

08 심랩에서 탑 도미노 무너트리기

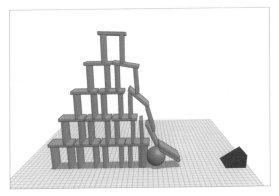
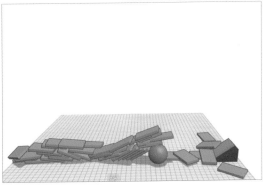

고정이 완료되었으면 플레이 버튼을 클릭합니다. 구슬이 굴러 탑 도미노의 밑부분을 쳐서 탑이 우르르 순차적으로 무너지면 성공입니다. 플레이를 눌렀는데 구슬과 닿기 전에 도미노 탑이 먼저 넘어진다면, 도 미노 위에 도미노를 올릴 때의 높이 설정이 제대로 되지 않았는지 확인합니다.

구르기 활동 1: 경사면과 구슬의 재질

🔷 커다란 경사면을 만들고 그 위에서 구슬을 굴려 봅니다. 구슬의 재질을 바꿔 보고 굴러가는 모습에 어떤 변화가 있는지 관찰합니다.

01 기본 경사면 만들기

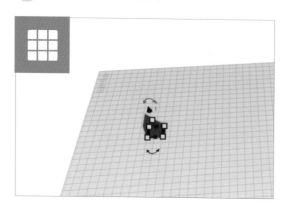 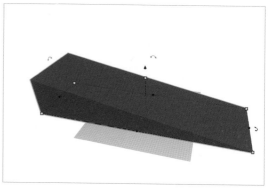

3D 디자인 화면입니다. "작업 평면"의 크기는 설정에서 폭 500, 길이 500으로 합니다. 진한 파란색 삼각 기둥을 가져옵니다. 그림과 같이 길고 크게 만듭니다. 구슬이 굴러갈 경사면입니다. 경사면의 높이에 따라 구슬이 굴러가는 속도가 달라집니다.

02 경사면 위에 구슬 올리기

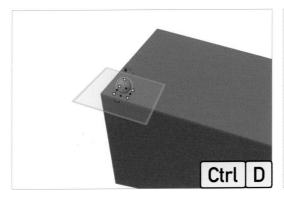 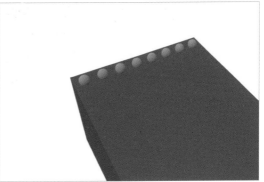

경사면의 높은 쪽에 하늘색 구 도형을 새로 가져갑니다. 구 도형은 구슬입니다. 자석 기능이 활성화되면서 경사면 바로 위에 구슬이 올라갑니다. 여러 개의 구슬을 한꺼번에 굴리기 위해 구 도형을 선택하고 Ctrl+D를 누릅니다. 구 도형을 키보드 방향키로 옆으로 움직인 다음, 연속적으로 Ctrl+D를 눌러 복제합니다. 여러 개의 구슬이 경사면 끝에 일렬로 나란히 생겼습니다.

"사과" 아이콘을 눌러 심랩으로 이동합니다. 진한 파란색의 삼각기둥은 경사면으로 사용되는 움직이지 않아야 하는 도형입니다. 도형을 클릭하면 오른쪽에 수정창이 나타납니다. 여기서 "정적으로 만들기"를 클릭하여 삼각기둥을 고정합니다. 심랩에서 플레이 버튼을 클릭합니다. 또는 Space Bar를 눌러 줍니다. 심랩에서 작용되는 중력의 법칙과 마찰력에 따라서 여러 개의 구슬이 같은 속도로 내려갑니다.

04 심랩에서 구슬의 재질 바꾸기

심랩 플레이 중에는 재질 설정을 변경할 수 없습니다. 오른쪽 밑에 있는 "재설정"을 눌러 줍니다. 떨어졌던 구슬이 다시 제자리로 돌아 옵니다. 심랩에서 구슬을 클릭하고 수정창의 "재료"를 클릭합니다. 총 10가지의 다양한 재료가 있습니다.

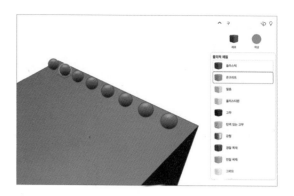

연질 목재
마찰: 0.40
반발력: 0.65
밀도: 0.13g/cm³

질량: 0.54g
체적: 4.19cm³
측정값은 근사치입니다...

고무
마찰: 0.75
반발력: 0.30
밀도: 0.92g/cm³

질량: 3.85g
체적: 4.19cm³
측정값은 근사치입니다...

플라스틱
마찰: 0.35
반발력: 0.60
밀도: 1.30g/cm³

질량: 5.45g
체적: 4.19cm³
측정값은 근사치입니다...

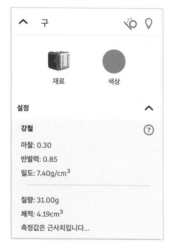

강철
마찰: 0.30
반발력: 0.85
밀도: 7.40g/cm³

질량: 31.00g
체적: 4.19cm³
측정값은 근사치입니다...

얼음
마찰: 0.10
반발력: 0.75
밀도: 0.92g/cm³

질량: 3.84g
체적: 4.19cm³
측정값은 근사치입니다...

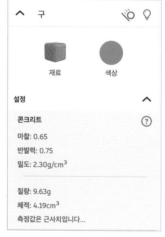

콘크리트
마찰: 0.65
반발력: 0.75
밀도: 2.30g/cm³

질량: 9.63g
체적: 4.19cm³
측정값은 근사치입니다...

재료에 따라 다른 밀도와 마찰력을 갖습니다. 현재 구슬은 복제 기능으로 만들어져 같은 크기입니다. 재료를 다르게 선택하면 선택된 재료에 맞는 질량의 근삿값으로 계산됩니다. 재질을 바꿔서 각 구슬의 질량과 마찰력이 바뀌었습니다.

05 심랩에서 다른 재질의 구슬 굴려 보기

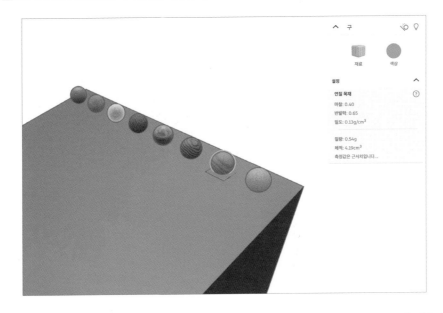

모든 구슬을 다른 재료로 선택합니다. 위 그림처럼 크기는 같지만 재질이 다른 구슬들이 같은 높이의 경사면에 위치해 있을 겁니다. 과연 어떤 구슬이 가장 먼저 내려갈까요?

플레이 버튼을 눌러 구슬을 굴려 봅니다. 어떤 재료의 구슬이 가장 빠르게 떨어지나요?

재료 말고 어떤 요소를 바꾸면 구슬을 더 빠르게 굴러가게 할 수 있을까요? 3D 디자인 화면과 심랩 화면을 왔다 갔다 하면서 구슬의 위치, 크기, 재료, 경사면의 높이 등을 다양하게 바꿔 보면서 구슬을 굴려 봅시다.

09 구르기 활동 2: 지그재그 구슬길

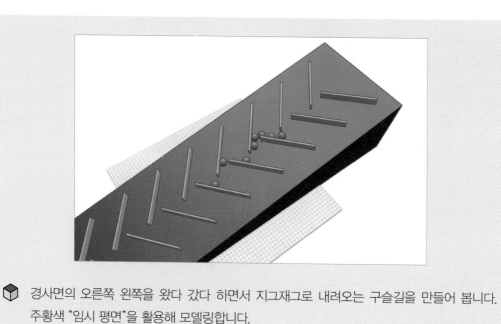

경사면의 오른쪽 왼쪽을 왔다 갔다 하면서 지그재그로 내려오는 구슬길을 만들어 봅니다.
주황색 "임시 평면"을 활용해 모델링합니다.

01 기본 경사면 만들기

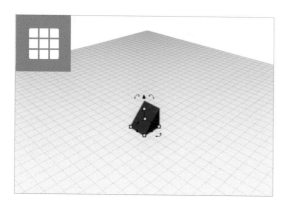

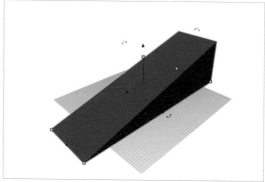

3D 디자인 화면입니다. "작업 평면"의 크기는 설정에서 폭 500, 길이 500으로 합니다. 진한 파란색 삼각
기둥을 가져옵니다. 그림과 같이 길고 크게 만듭니다. 구슬이 굴러갈 경사면입니다.

02 경사면에 임시 평면 만들기

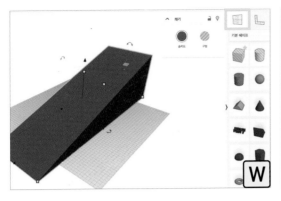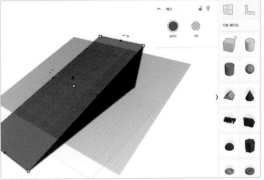

경사면에 "임시 평면"을 만들어서 사용하겠습니다. "작업 메뉴"의 "작업 평면"아이콘을 클릭하거나, W 를 누릅니다. 마우스 커서를 경사면 윗면으로 가져가면 네모난 아이콘이 보입니다. 이때 클릭하면 클릭한 경사면 위에 주황색의 "임시 평면"이 생깁니다. 앞으로 여기에서 모델링을 진행합니다.

03 구슬길 벽 만들기

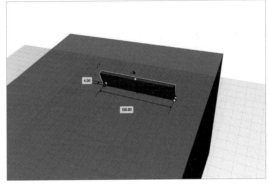

상자 도형을 새로 가져오면 주황색 "임시 평면"으로 가져오게 됩니다. 빨간색 기본 상자 도형을 얇고 길쭉한 도형으로 크기를 바꿔 줍니다. 여기서는 길이 100mm, 두께 4mm, 높이 20mm입니다. 경사면의 크기와 각도에 따라 구슬길 벽의 크기는 달라질 수 있습니다.

04 구슬길 벽 회전하기

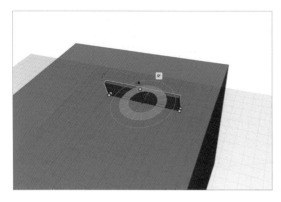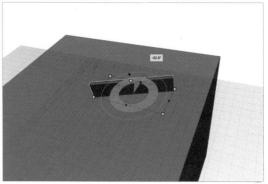

구슬길 벽을 회전해 줍니다. 경시면 아래쪽 방향으로 빨간색 도형이 기울어지게 회전합니다. 여기서는 22.5°를 회전했습니다. 회전하는 각도가 달라지면 구슬이 떨어지는 속도가 달라집니다.

05 구슬길 벽 복제하기

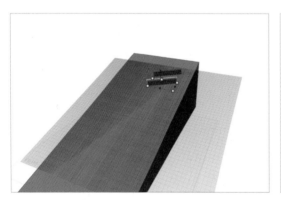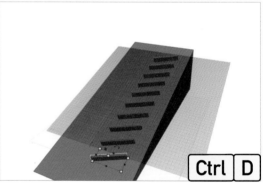

회전한 빨간색 벽을 선택하고 Ctrl+D를 한 번 누릅니다. 키보드 방향키를 이용해 경사면의 아래 방향으로 움직입니다. 그다음 Ctrl+D를 반복적으로 눌러 줍니다. 같은 간격을 가진 여러 개의 빨간색 벽이 생겼습니다.

06 구슬길 벽 그룹으로 만들고 복사하기

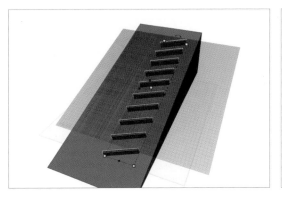
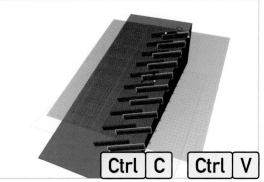

빨간색 벽 도형들만 선택합니다. 또는 드래그로 전체 도형을 선택한 다음 Shift 를 누른 상태에서 경사면 도형을 클릭합니다. 그러면 경사면 도형의 선택이 해제되면서 빨간색 벽 도형만 선택한 효과를 가져옵니다. 빨간색 벽들을 하나의 그룹으로 만듭니다. 그리고 Ctrl + C , Ctrl + V 로 복사 및 붙여넣기 합니다.

07 구슬길 벽 대칭으로 만들기

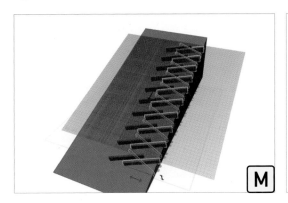
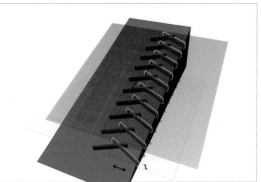

복사한 벽은 반대쪽에 대칭으로 위치시킵니다. M 을 눌러 미러 기능을 활성화합니다. 나타난 화살표에 마우스 커서를 올려서 대칭되는 모양을 확인합니다. 좌우 대칭이 되도록 모양을 뒤집어 줍니다.

08 구슬길 벽 위치 수정하기

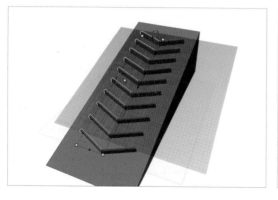 

대칭으로 만들어진 빨간색 벽 도형을 키보드 방향키를 이용해 옆으로 움직입니다. 그리고 경사면의 아래로도 움직여 줍니다. 벽과 벽 사이는 구슬이 지나갈 수 있는 충분한 공간이 서로 벌어져 있어야 합니다.

09 구슬 놓기

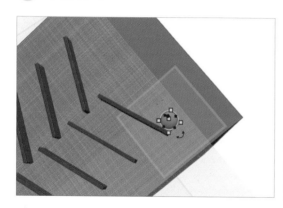 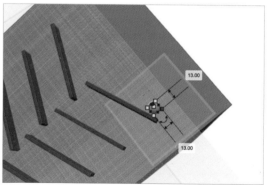

경사면 가장 위쪽의 빨간색 벽 옆에 구 도형을 새로 가져옵니다. 구 도형은 구슬입니다. 구슬의 크기를 Shift 를 누른 상태에서 줄이거나 키워서 크기를 수정합니다. 구슬의 크기는 빨간색 벽과 벽 사이를 지나갈 수 있어야 합니다.

⑩ 기준 평면으로 돌아오기

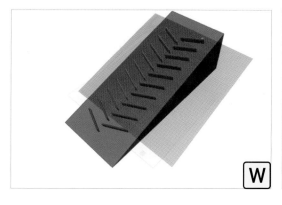

주황색 "임시 평면"에서의 모델링이 끝났습니다. 하늘색의 "기준 평면"으로 돌아옵니다. "작업 메뉴"의 "작업 평면" 아이콘을 클릭하거나 W를 누릅니다. 마우스 커서를 빈 공간의 바닥에 놓고 클릭하면 주황색 "임시 평면"이 사라지고 하늘색 "기준 평면"으로 돌아옵니다.

⑪ 경사면과 빨간색 벽 그룹으로 만들기

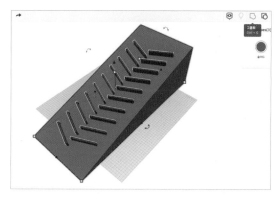

진한 파란색 경사면과 빨간색 벽들을 하나의 그룹으로 만들겠습니다. 구슬은 움직이는 도형이기 때문에 그룹에 포함되지 않습니다. 드래그로 전체를 선택합니다. 그다음 Shift를 누른 상태에서 구슬을 클릭해 줍니다. 그러면 구슬의 선택이 해제됩니다. 선택된 도형을 하나의 그룹으로 만듭니다. 색이 통일되면 솔리드 팔레트를 눌러 "여러 색"을 클릭합니다.

심랩에서 고정하고 구슬 굴리기

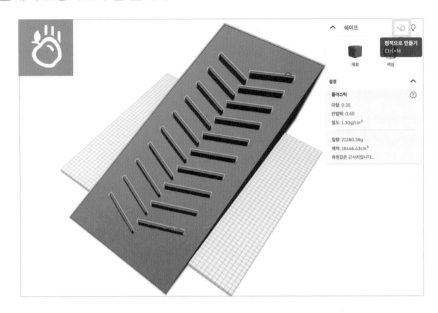

"사과" 아이콘을 눌러 심랩으로 이동합니다. 진한 파란색의 삼각기둥은 경사면으로 사용되며 움직이지 않는 도형이어야 합니다. 도형을 클릭하면 오른쪽에 수정창이 나타납니다. 여기서 "정적으로 만들기"를 클릭해 삼각기둥을 고정합니다.

심랩에서 플레이 버튼을 클릭합니다. 또는 [Space Bar]를 누릅니다. 심랩에서는 중력이 작용하기 때문에 구슬이 경사면을 따라 내려가기 시작합니다. 빨간색 벽을 오른쪽, 왼쪽 부딪쳐 가면서 지그재그로 내려가면 성공입니다.

13 여러 개의 구슬 한꺼번에 굴리기

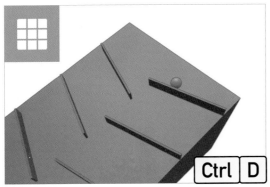
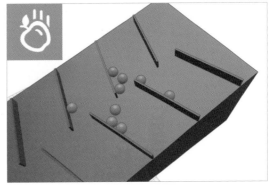

여러 개의 구슬을 한꺼번에 굴려 봅니다. 3D 디자인에서 구슬을 클릭하고 Ctrl+D를 눌러 줍니다. 같은 자리에 같은 도형이 복제되었습니다. Ctrl+D를 반복적으로 눌러 복제를 합니다. 너무 많이 복제하지는 않습니다. "사과" 아이콘을 눌러 심랩으로 이동합니다. 플레이 버튼을 누르면 하나로 보였던 구슬이 복제된 만큼 여러 개의 구슬로 나타납니다. 여러 개의 구슬이 길을 따라 내려갑니다.

14 다른 형태를 바꿔서 실험해 보기

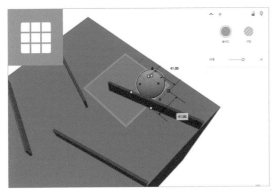
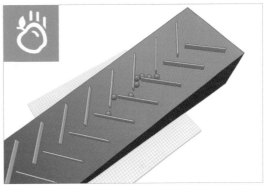

다양한 요소를 바꿔가면서 지그재그 구슬길을 테스트해 봅니다. 구슬의 크기를 바꾸면 어떻게 될까요? 구슬의 재질을 바꾸면 어떻게 될까요? 구슬의 시작 위치를 바꾸면 어떻게 될까요? 벽의 경사 각도를 더 크게 만들면 어떻게 될까요?

구르기 활동 3: 구슬길 기본

틴커캐드에서 제공되는 구슬길을 사용해 봅니다.
본격적으로 만들기 전에 각 구슬길 모양의 특징을 알아보겠습니다.

01 틴커캐드에서 제공하는 구슬길 가져오기

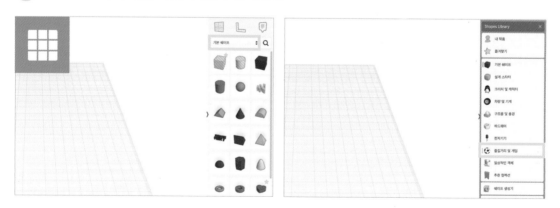

틴커캐드에서 제공하는 구슬길 도형을 가져오겠습니다. 먼저 "기본 쉐이프"를 클릭합니다. 그다음 "즐길 거리 및 게임"을 클릭합니다.

가장 끝에 있는 "놀이터"를 클릭합니다. 하단에 "더 많은 쉐이프"를 클릭합니다. 그러면 베이지 색상의 구슬길 도형을 모두 볼 수 있습니다. 작업 화면으로 모두 가지고 옵니다.

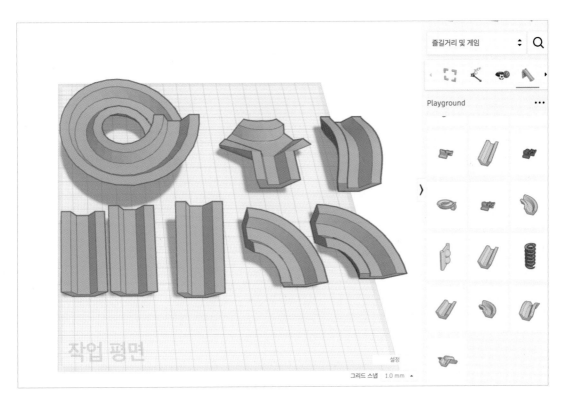

틴커캐드에서 제공하고 있는 구슬길 도형은 총 8가지 형태입니다. 비슷해 보이지만 옆에서 보면 기울기가 다른 도형입니다. 구슬길 도형들을 비교하면서 사용할 때 특징과 주의사항을 알아봅니다.

02 나선형 구슬길

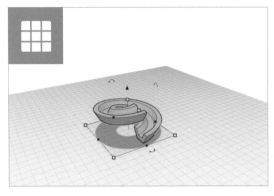
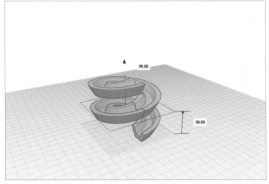

나선형 구슬길입니다. ⅼ선형 구슬길을 반복직으로 이어 붙이면 구슬이 계속 뱅글뱅글돌면서 아래로 내려오게 됩니다. 나선형 구슬길을 선택하고 [Ctrl]+[D]를 한 번 눌러 줍니다. 그다음 검정색 삼각형으로 Z축 방향으로 위로 30mm 이동시킵니다.

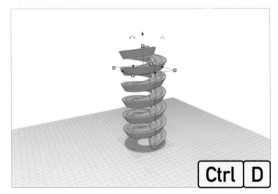
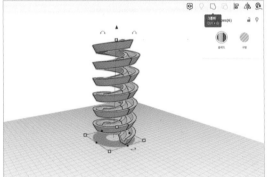

[Ctrl]+[D]를 반복적으로 눌러 줍니다. 나선형 구슬길이 위로 복제가 되면서 길이 이어집니다. 너무 많이 복제하면 구슬이 내려오는 데 시간이 오래 걸리니 주의합시다. 나선형 길을 전체 선택해서 하나의 그룹으로 만들어 줍니다.

03 나선형 구슬길에 구슬 올리기

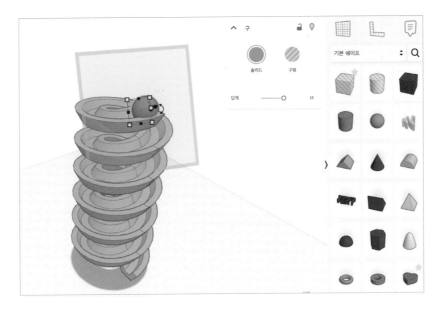

기본 쉐이프에서 하늘색 구 도형을 새로 가져옵니다. 구 도형은 구슬입니다. 나선형 구슬길의 가장 꼭대기에 클릭해서 구슬을 놓습니다. 구슬의 지름은 20mm보다 작아져도 됩니다. 하지만 구슬이 커지면 나선형 구슬길을 굴러갈 수 없습니다.

04 심랩에서 구슬 굴려 보기

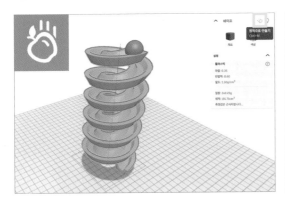
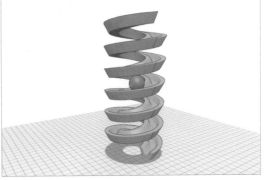

"사과" 아이콘을 눌러 심랩으로 이동합니다. 나선형 구슬길은 움직이지 않아야 하는 도형입니다. 도형을 클릭하면 오른쪽에 수정창이 나타납니다. 여기서 "정적으로 만들기"를 클릭하여 나선형 구슬길을 고정합니다. 플레이를 눌러 봅니다. 구슬길이 넘어지지 않고 구슬이 길을 따라서 잘 내려오는지 확인합니다.

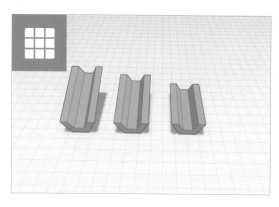 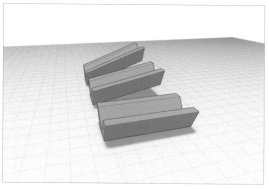

직선형 구슬길은 3가지 모양이 있습니다. 길이는 50mm이고 폭도 같지만, 옆에서 보면 기울어진 각도가 다릅니다. 평평한 직선 구슬길, 22.5° 기울어진 직선 구슬길, 45° 기울어진 직선 구슬길입니다.

주의하기

▌ 직선 구슬길을 겹칠 때

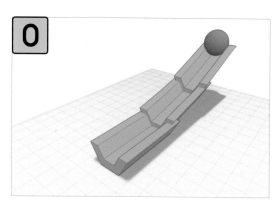 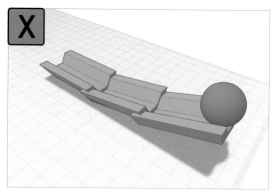

구슬길을 완벽하게 이어 붙이는 것은 쉽지 않습니다. 완벽하게 붙일 필요도 없습니다.
구슬이 잘 굴러갈 수 있게만 연결하면 됩니다. 구슬은 중력에 의해 위에서 아래로 내려갑니다. 구슬길을 이어 만들 때 단차가 생길 수 있는데, 이때는 위에 있는 구슬길이 더 높게 만들어야 합니다. 그래야 구슬이 중간에 멈추지 않고 계속 굴러갑니다.

06 회전 구슬길

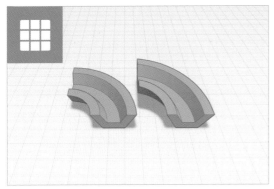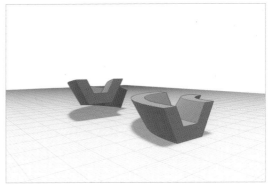

회전 구슬길은 2가지 모양이 있습니다. 90° 회전하는 구슬길이며 옆에서 보면 기울어진 각도가 다릅니다. 평평한 90° 회전 구슬길, 아래로 내려가는 90° 회전 구슬길입니다.

07 회전 구슬길을 대칭으로 사용

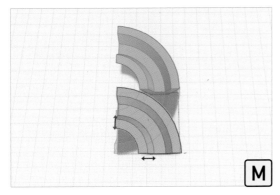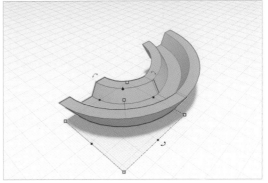

회전 구슬길 여러 개를 이어서 길을 만들 때는 복사 및 붙여넣기 한 다음 M을 눌러 대칭 기능을 사용합니다. 아래로 내려가는 90° 회전 구슬길 4개를 반복적으로 이으면, 앞에서 본 나선형 구슬길과 같은 모양이 됩니다.

08 언덕 구슬길

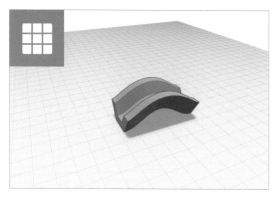 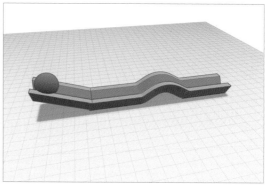

언덕 구슬길은 모양이 하나입니다. 다른 구슬길과 이어서 사용합니다. 주의할 점은 언덕을 넘기 위해서는 구슬의 속도가 빨라야 구슬길을 넘을 수 있습니다. 반대로 속도가 너무 빠르면 구슬이 언덕 밖으로 튕겨 나갈 수 있습니다.

09 심랩에서 언덕 구슬길 실험

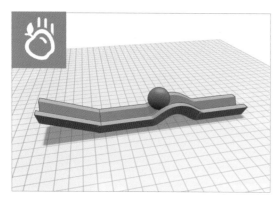 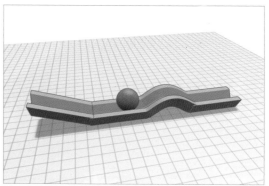

22.5° 기울어진 직선 구슬길, 직선 구슬길, 언덕 구슬길을 이어 붙였습니다. "사과" 아이콘을 눌러 심랩으로 이동합니다. 22.5° 기울어진 직선 구슬길 끝에서 구슬을 굴려 보면 구슬이 언덕을 넘지 못하고 다시 아래로 내려옵니다. 언덕을 사용할 때는 구슬의 속도를 고려해야 합니다.

10 두 갈래 구슬길

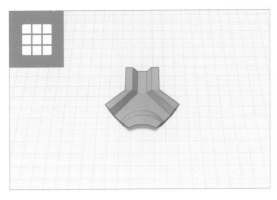
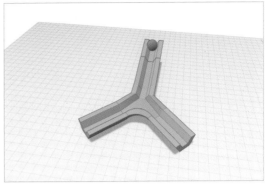

하나의 구슬길이 양쪽으로 갈라지는 두 갈래 구슬길입니다. Y자형 구슬길이라고도 합니다. 하나로 들어오는 길의 높이가 높고, 양쪽으로 나눠지는 길의 높이가 낮습니다.
양쪽으로 나눠지는 길은 직선에서 45° 회전한 길입니다.

11 심랩에서 두 갈래 구슬길 실험

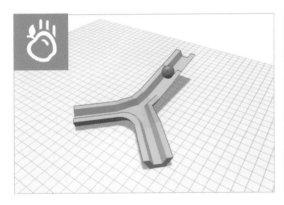
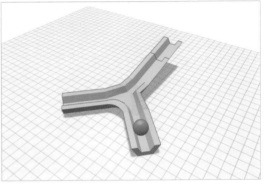

두 갈래 구슬길의 모든 방향에 직선 길을 이은 다음 실험해 봅시다. 구슬이 너무 빠르게 들어오면 두 갈래 구슬길에 부딪치면서 밖으로 튕겨 나갑니다. 주의가 필요합니다. 구슬을 하나만 굴릴 때는 어느 방향으로 갈지 모릅니다. 구슬 여러 개를 한꺼번에 굴리면 양쪽 길로 나눠져 굴러갑니다.

구르기 활동 4: 쏟아지는 구슬통

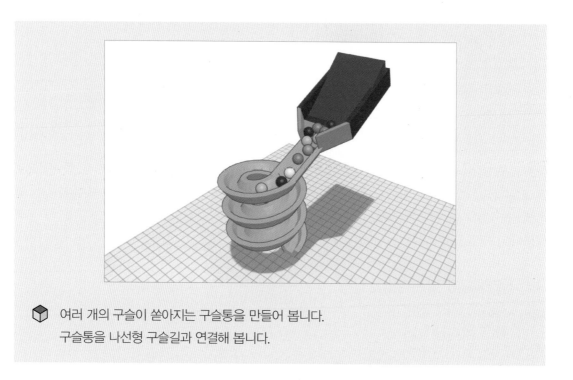

여러 개의 구슬이 쏟아지는 구슬통을 만들어 봅니다.
구슬통을 나선형 구슬길과 연결해 봅니다.

01 기본 상자 만들기

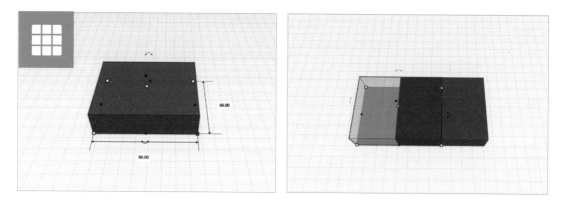

빨간색 상자 도형을 가져와 그림과 같이 가로가 긴 모양의 직사각형으로 만듭니다. 크기를 바꾼 다음 도형을 선택하고 [Ctrl]+[C], [Ctrl]+[V]를 눌러 복사 및 붙여넣기 합니다. 왼쪽에 있는 상자 도형을 선택해 "구멍"도형으로 만듭니다. 구멍 도형으로 바뀐 도형은 빨간색에서 회색의 반 투명한 도형으로 바뀝니다.

02 상자 안쪽 제거하기

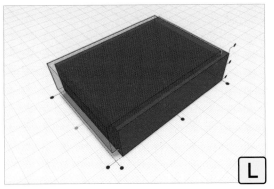 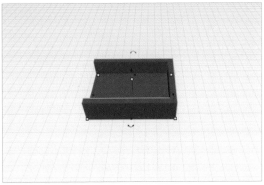

구멍 도형의 크기를 살짝 줄여 줍니다. 구멍 도형을 선택하면 나타나는 검정색 삼각형을 이용해서 Z축으로 위로 5mm 이동합니다. 그리고 L을 눌러 정렬 기능을 이용해 그림과 같이 가운데를 맞춰 줍니다. 빨간색 상자 도형과 구멍 도형을 함께 선택한 다음 "그룹화"를 클릭합니다. 구멍 도형으로 겹쳐진 가운데 부분이 제거되었습니다.

03 지붕 도형 가져와 회전하기

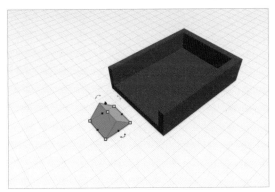 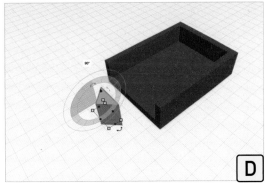

초록색 지붕 도형을 가져옵니다. 빨간색 박스 앞쪽을 산 모양으로 만들기 위해 도형을 회전해 모양을 만듭니다. 도형을 회전한 다음에 도형이 하늘색 "기준 평면" 아래로 내려가 있다면 D를 눌러 줍니다. 그러면 "기준 평면" 위로 도형이 올라옵니다.

04 지붕 도형 안쪽 제거하기

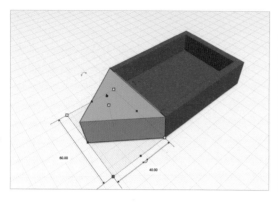 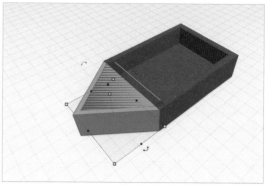

상자 도형과 세로폭이 같은 크기로 지붕 도형이 크기를 바꿔 줍니다. 그기를 맞춘 다음 Ctrl + D 를 눌러 도형을 같은 자리에 복제합니다. 복제된 도형을 구멍 도형으로 바꿉니다. 키보드 방향키를 눌러 구멍이 된 지붕 도형을 옆으로 이동시켜 그림과 같이 만듭니다.

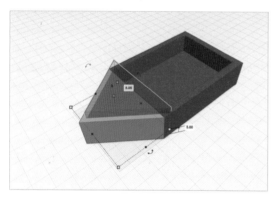 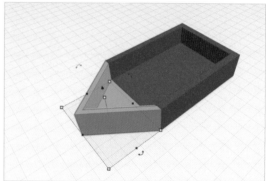

구멍 도형의 지붕 도형을 검정색 삼각형을 이용하여 Z축 방향 위로 5mm 이동합니다. 초록색 지붕 도형과 구멍 도형 두 개만 선택한 다음 "그룹화"를 눌러 줍니다. 구멍 도형과 겹쳐진 초록색 삼각형의 안쪽이 제거되었습니다.

05 구슬통의 경사면 만들기

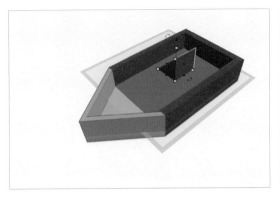 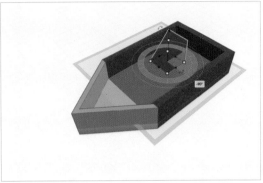

빨간색 상자 안쪽에 진한 파란색 삼각기둥을 가져옵니다. 자동으로 자석 기능이 실행됩니다. 도형을 회전
시켜 경사면을 그림과 같은 방향으로 만듭니다.

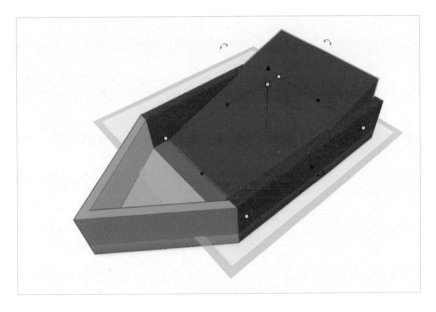

그림과 같이 진한 파란색 삼각기둥을 상자에 꽉 차도록 키웁니다. 경사면의 높이도 조절합니다. 여러 개
의 구슬이 경사면을 따라서 굴러가는 형태를 만들기 위해 만든 모양입니다.

06 구슬통의 구멍 만들기

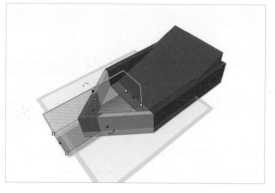
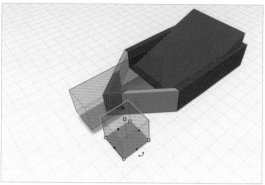

구슬통에서 구슬이 나갈 수 있게 구멍을 만들어 줍니다. 기본 상자 구멍 두형을 초록색 지붕 도형 안쪽으로 가져옵니다. 벽의 일부분을 제거해서 구슬이 밖으로 나갈 수 있게 상자 구멍 도형의 한쪽 변을 길게 만들어 줍니다. 새로운 상자 구멍 도형을 가져와 "기준 평면" 바닥에 클릭해서 둡니다.

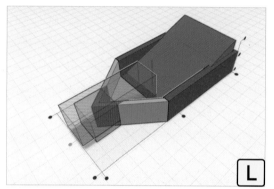
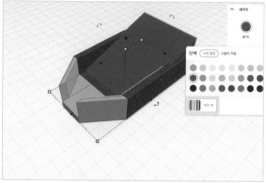

도형을 전체 선택해서 L을 눌러 정렬 기능을 실행합니다. 초록색 지붕 도형의 끝에 있는 가운데 정렬을 클릭합니다. 그다음 "그룹화"를 누릅니다. 그러면 그림과 같은 구슬통의 모양이 완성됩니다. 그룹이 되면 색이 하나로 통일됩니다. 솔리드 팔레트를 누른 다음 "여러 색"을 클릭하면 그룹을 유지하면서 기존 도형의 색은 모두 나타납니다.

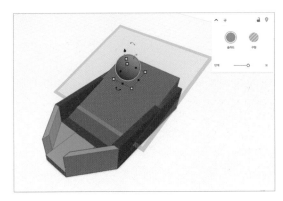
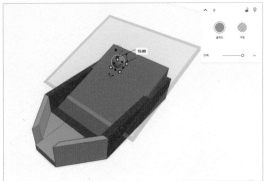

구 도형을 가져와 경사면 위를 클릭합니다. 구 도형은 구슬입니다. Shift 를 누르고 지름이 10mm인 구슬 크기로 바꿨습니다. 구슬이 20mm보다 커지면 틴커캐드에서 제공하는 구슬길 모형을 사용할 수 없습니다.

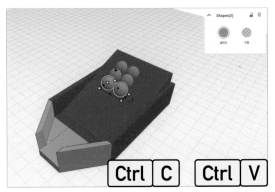
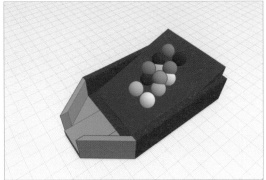

구슬을 복사 및 붙여넣기 해서 여러 개 만듭니다. 색상도 알록달록하게 바꿔 줍니다. 구슬을 너무 많이 복사하면 심랩에서 구슬끼리 부딪치며 밖으로 튀어 나가거나 구슬통의 구멍을 막히게 합니다. 많은 구슬을 굴리고 싶다면 무작정 복사하지 말고 심랩에서 실험해 보면서 구슬의 수를 늘려 갑시다.

08 구슬길 도형 사용하기

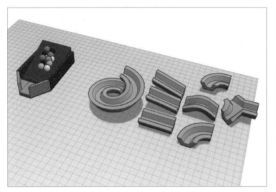
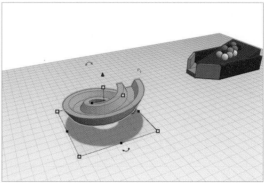

"작업 평면"의 크기는 설정에서 폭 500, 길이 500으로 합니다. 틴커캐드에서 제공하는 구슬길 도형을 사용해 보겠습니다. "기본 쉐이프"를 클릭해서 "즐길거리 및 게임 〉 놀이터"에서 구슬길 도형을 모두 "작업 평면" 위로 가져왔습니다. 나선형 구슬길은 가운데에 놓습니다.

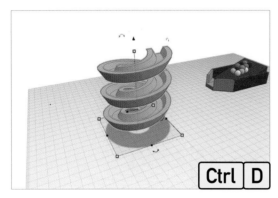
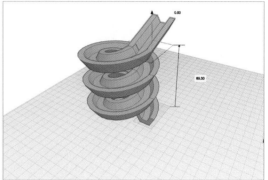

나선형 구슬길을 선택하고 Ctrl + D 를 한 번 눌러 줍니다. 검정색 삼각형을 이용해 Z축 방향으로 위로 30mm만큼 위로 이동합니다. 그다음 Ctrl + D 를 두 번 눌러 줍니다. 나선형 구슬길 위의 끝부분에는 22.5° 기울어진 직선 구슬길을 연결했습니다. 구슬길 전체를 선택해서 하나의 그룹으로 만듭니다.

09 구슬통 이동해서 연결하기

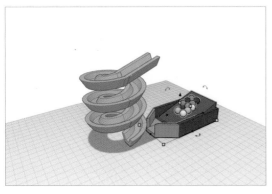 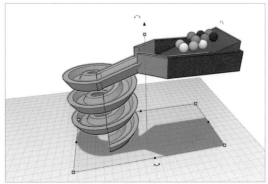

구슬과 구슬통을 함께 선택한 다음 같이 이동합니다. 나선형 구슬길의 끝부분에 최대한 비슷하게 이동합니다. 그다음 검정색 삼각형으로 Z축 방향으로 위로 이동합니다.

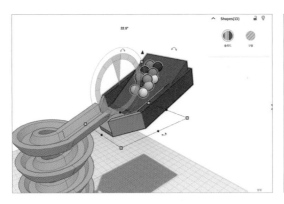 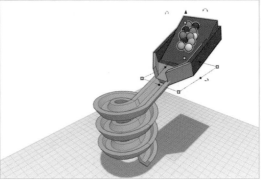

구슬통을 구슬길과 동일하게 22.5°를 회전시킵니다. 필요하면 추가로 Z축 높이를 수정합니다. 화면을 360° 회전하면서 키보드 방향키로 구슬통을 움직여 구슬길과 위치를 맞춰 줍니다. 구슬통의 정확한 위치는 심랩에서 구슬을 굴려 본 다음에 알 수 있습니다. 어느 정도 맞춘 다음에 심랩에서 확인하고 다시 수정하는 것을 추천합니다.

10 심랩에서 여러 개의 구슬 굴려 보기

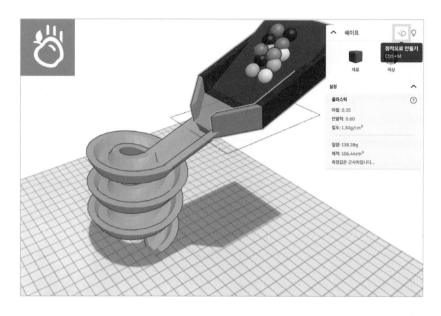

"사과" 아이콘을 눌러 심랩으로 이동합니다. 나선형 구슬길, 구슬통은 움직이지 않아야 하는 도형입니다. 각각의 도형을 클릭하면 오른쪽에 수정창이 나타납니다. 여기서 "정적으로 만들기"를 클릭하여 도형들을 고정합니다.

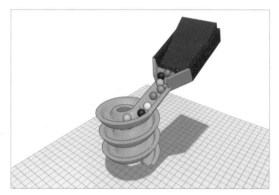 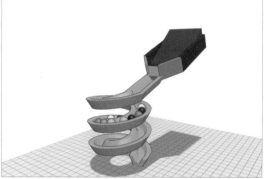

플레이를 누릅니다. 여러 개의 구슬이 쏟아지며 나선형 구슬길을 따라 잘 내려간다면 성공입니다. 각도에 따라, 또는 구슬끼리 부딪치면서 한 두개의 구슬이 밖으로 튀어 나갈 수도 있습니다. 괜찮습니다. 너무 많은 구슬이 밖으로 쏟아진다면 구슬길과 구슬통의 각도를 바꾸고 다시 실험해 봅니다.

구르기 활동 5: 구슬길 완성

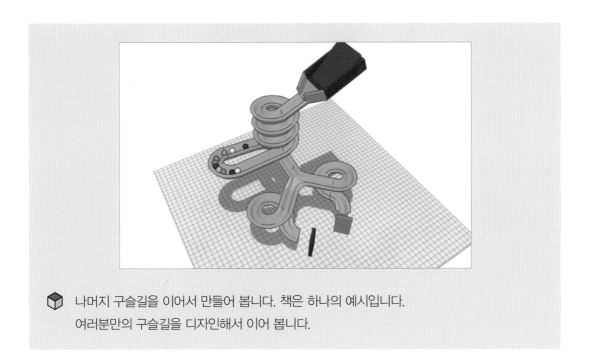

나머지 구슬길을 이어서 만들어 봅니다. 책은 하나의 예시입니다.
여러분만의 구슬길을 디자인해서 이어 봅니다.

01 평평한 구간

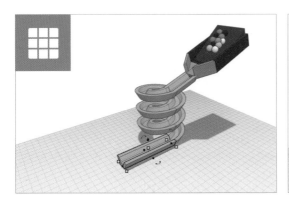
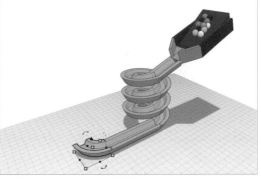

3D 디자인 화면입니다. "기준 평면" 위에서 모델링이 진행됩니다. 나선형 구슬길이 끝나는 부분에 평평한 직선 구슬길을 이었습니다. 그다음 평평한 90° 회전 구슬길을 이었습니다.

02 Z축 방향으로 위로 올리기

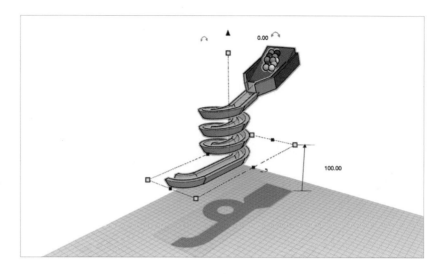

구슬길을 "작업 평면" 아래로 이어 나갈 수 없습니다. 전체를 드래그해서 선택하고 Z축 방향으로 위로 올려줍니다. 여기서는 100mm를 위로 올렸습니다. 여러분이 디자인하고 싶은 구슬길의 모양에 따라서 이동하는 높이를 결정합니다.

03 회전하면서 내려가기

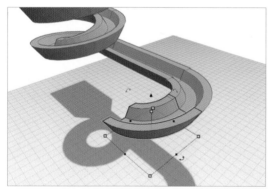 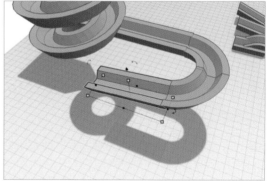

평평한 부분을 지나온 구슬은 마찰에 의해서 속도가 줄어듭니다. 다시 아래로 내려갈 수 있게 구슬길을 이어 나갑니다. 아래로 내려가는 90° 회전 구슬길을 이어 주고, 22.5° 기울어진 직선 구슬길을 이어 주었습니다.

04 다시 회전하면서 구슬길 방향 바꾸기

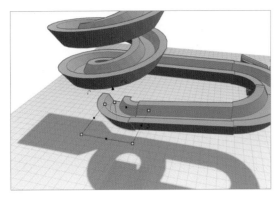 

다시 아래로 내려가는 90° 회전 구슬길을 이어 주고, 22.5° 기울어진 직선 구슬길을 이어 주었습니다. 구슬길 밑에 구슬길을 만들 때는 구슬이 지나갈 수 있는 충분한 공간이 있어야 합니다.

05 양 갈래로 구슬길 나누기

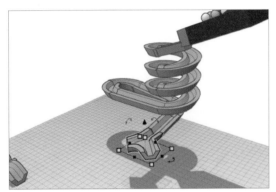 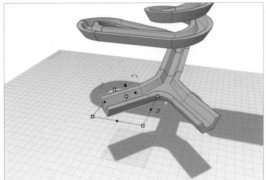

22.5° 기울어진 직선 구슬길 앞에 양 갈래 구슬길을 이어 줍니다. 양 갈래로 나눠진 구슬길에는 평평한 직선 구슬길을 45° 회전한 다음 이어 줍니다. 하나의 직선 구슬길을 만들어 준 다음, 복사 및 붙여넣기 해서 대칭 기능을 사용하면 편리합니다.

06 대칭을 사용한 구슬길

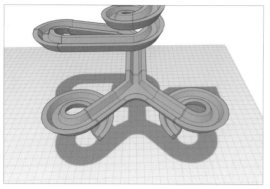 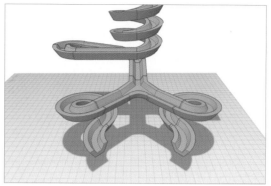

직선 구슬길 끝에는 나선형 구슬길 하나를 이어 줍니다. 미찬가지로 한쪽을 만든 다음에 복사 및 붙여넣기를 하고, 대칭 기능 사용해서 모양을 뒤집어 옆으로 이동합니다. 나선형 구슬길 끝에는 아래로 내려가는 90° 회전 구슬길을 이어 주었습니다.

07 누가 먼저 넘어질까 도미노 만들기

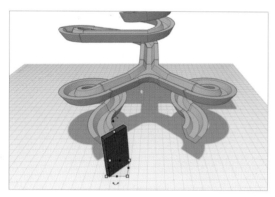 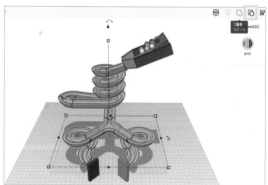

구슬이 내려오다가 양 갈래로 나눠진 다음 어느 쪽으로 구슬이 먼저 도착할까요? 구슬길의 양쪽 끝에 색이 다른 도미노를 만들어 세워 줍니다. 구슬이 도미노를 넘어트릴 수 있게 도미노 두께는 3mm로 만듭니다. 모두 완성되었으면 구슬길과 구슬통을 선택하여 하나의 그룹으로 만들어 줍니다. 움직이는 구슬 도형과 도미노는 그룹에 포함되지 않습니다.

08 심랩에서 구슬 굴려 보기

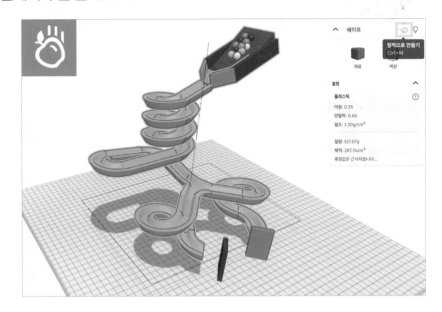

"사과" 아이콘을 눌러 심랩으로 이동합니다. 나선형 구슬길, 구슬통은 움직이지 않는 도형입니다. 앞에서 하나의 그룹으로 만들었다면 구슬길 하나를 선택하고 고정해 주면 됩니다. 도형을 클릭하면 오른쪽에 수정창이 나타납니다. 여기서 "정적으로 만들기"를 클릭합니다.

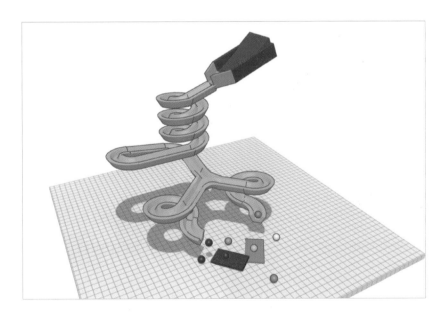

플레이를 누릅니다. 구슬이 구슬길을 따라서 잘 내려오나요? 두 개의 도미노가 시간차를 가지고 모두 넘어졌다면 성공입니다. 더 많은 도미노를 연결해 볼까요? 구슬길을 더 이어 볼까요? 틴커캐드에서 제공하는 구슬길 도형을 자유롭게 응용해 봅니다.

점프하기 활동 1: 높이 뛰기

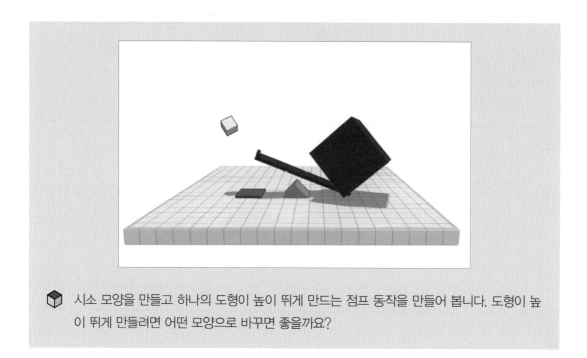

🔷 시소 모양을 만들고 하나의 도형이 높이 뛰게 만드는 점프 동작을 만들어 봅니다. 도형이 높이 뛰게 만들려면 어떤 모양으로 바꾸면 좋을까요?

01 시소 도형 가져오기

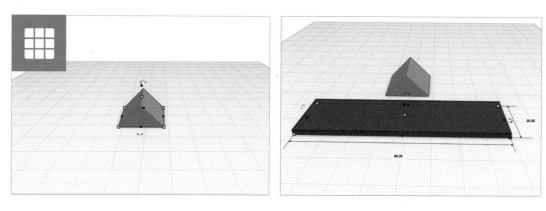

3D 디자인 화면입니다. 초록색 지붕 도형을 가져왔습니다. 빨간색 상자 도형을 가져와서 가로 길이는 길게, 두께는 얇게 변경했습니다.

02 시소 모양으로 정렬하기

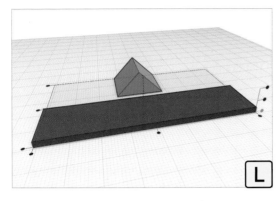 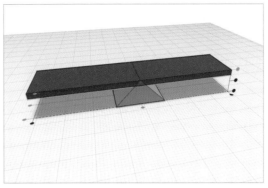

두 개의 도형을 드래그로 선택합니다. 그리고 L을 눌러서 정렬 기능을 활성화합니다. "기준 평면"에서는 가운데 정렬을, Z축 방향에서는 위쪽 정렬을 진행합니다. 그림과 같이 빨간색 판이 초록색 삼각형 위로 올라갔습니다.

03 심랩에서 테스트

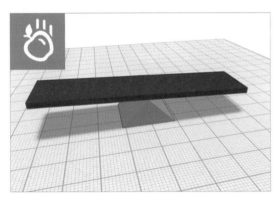 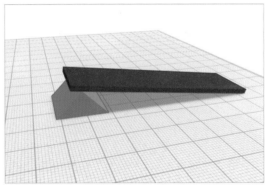

"사과" 아이콘을 눌러 심랩으로 이동합니다. 아무것도 변경하지 않고 그대로 플레이를 누릅니다. 빨간색판이 중심을 잡고 있는 것 같지만, 곧 한쪽으로 기울어집니다. 시소의 판은 중력이 작용하는 환경에서 평행하게 있을 수 없습니다. 한쪽으로 기우는 것이 당연합니다.

04 시소 끝에 턱 만들기

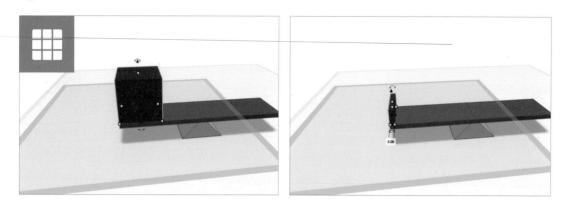

3D 디자인 화면입니다. 시소 끝에 상자 도형을 가져옵니다. 상자 도형의 크기를 그림과 같이 바꿔 줍니다. 물체를 올려 둘 때 시소에서 미끄러지지 않게 도와주는 턱입니다.

도형을 더하면 시소의 무게는 올라갑니다. 너무 두껍지 않게 만듭니다.

05 시소 판과 시소 턱 그룹 만들기

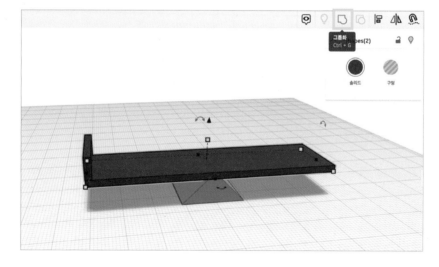

빨간색의 긴 시소 판과 추가된 시소 턱을 함께 선택합니다. 그리고 상단에 "그룹화"를 클릭하여 하나의 그룹으로 묶어 줍니다. 전체 시소는 움직이는 도형이지만 시소 판과 시소 턱은 함께 움직입니다.

06 시소 판 회전하기

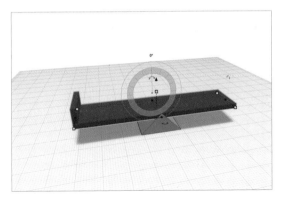 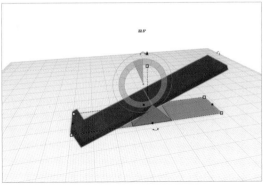

시소 판은 수평으로 있을 수 없습니다. 시소 턱을 만들어 준 방향으로 22.5° 회전합니다. 턱이 있는 방향
이 무거워 시소가 기울어지는 자연스러운 방향입니다. 여기서 회전 각도는 정답이 아닙니다. 회전 각도에
따라서 심랩에서 진행하는 물체의 점프 방향이 달라질 수 있습니다.

07 시소 판 위치 이동

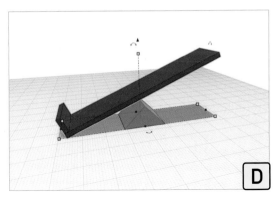 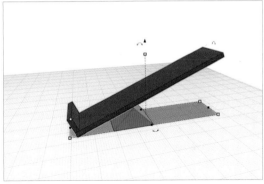

시소 판을 회전하다 보면 하늘색 "기준 평면" 아래로 내려갈 수 있습니다. 그러면 시소 판을 선택하고 D
를 눌러 "기준 평면" 위로 올라오게 합니다. 키보드 방향키를 이용해서 시소 판의 위치를 이동시킵니다.
지지대로 쓰일 초록색 지붕 도형의 끝점이 시소 판에 닿도록 이동합니다.

08 시소 판 버팀목 만들기

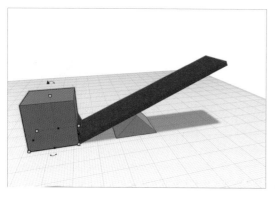 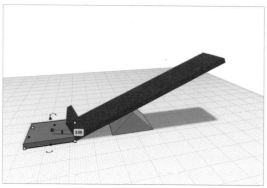

시소는 회전 중심이 고정되어 있지 않습니다. 그래서 심랩에서 플레이하면 시소 판이 아래로 스르르 내려옵니다. 기울어진 한쪽 끝에 고정하는 버팀목을 만들어 줍시다. 이 도형은 심랩에서 고정할 예정입니다. 시소 판 끝부분에 새로운 상자 도형을 가져옵니다. 색상은 갈색으로 바꿨습니다. 상자의 높이를 낮춰 시소 판 끝부분의 버팀목으로 사용합니다.

09 날아갈 도형 올리기

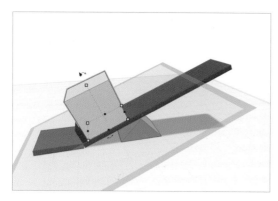 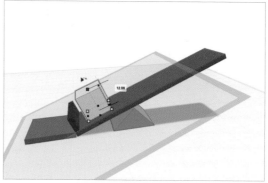

시소 턱에 맞춰서 새 상자 도형을 가져옵니다. 색상은 흰색으로 바꿨습니다. 점프 동작을 통해서 날아가는 도형입니다. 도형의 크기는 무게에 영향을 줍니다. 도형이 크면 무거워서 높이 못 날 수 있어 도형의 크기를 살짝 줄였습니다.

10 큰 힘으로 눌러줄 도형 만들기

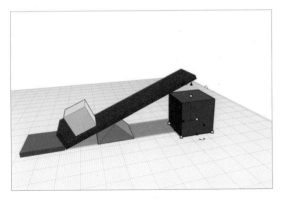 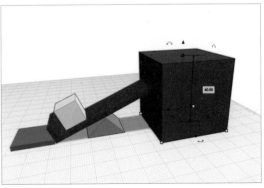

새로운 상자 도형을 가져옵니다. 색상은 보라색으로 바꿨습니다. 도형의 크기를 키웁니다. 큰 도형은 무거운 도형입니다. 심랩에서 테스트 하면서 도형의 크기를 바꿔 봅니다.

11 도형의 높이 조절하기

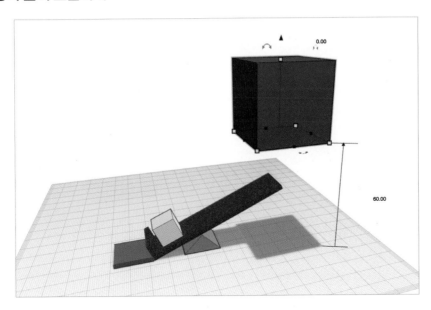

큰 상자 도형을 Z축 방향 위로 이동합니다. 도형을 높이 띄우면 띄울수록 떨어질 때의 힘은 커집니다. 떨어지는 시간도 늘어납니다. 심랩에서 테스트하면서 높이를 바꿔 봅니다.

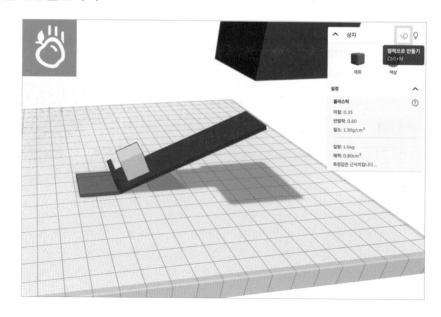

"사과" 아이콘을 눌러 심랩으로 이동합니다. 점프를 실험하기 전에 두 개의 도형을 고정해야 합니다. 초록색의 시소 밑에 있는 지붕 도형과 갈색의 버팀목 도형을 각각 선택하여 수정창에서 "정적으로 만들기"를 클릭합니다.

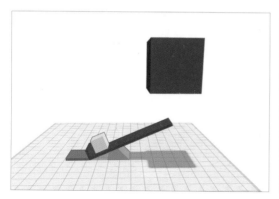
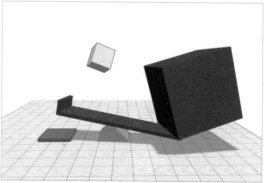

플레이를 눌러 테스트합니다. 커다란 상자 도형이 떨어지면서 시소의 한쪽 끝을 누르게 됩니다. 그러면 반대쪽에 올라가 있던 흰색 도형이 위로 떠오릅니다.

13 점프해서 날아가는 방향

 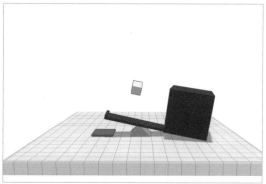

왼쪽과 오른쪽 그림은 흰색 도형이 날아가는 방향이 다릅니다. 왼쪽 사진은 흰색 도형이 왼쪽으로 날아가고, 오른쪽 사진은 흰색 도형이 오른쪽으로 날아갑니다. 보라색 도형의 크기와 높이를 바꿔 보면서 날아가는 도형의 방향을 어떻게 하면 바꿀 수 있는지 실험해 봅니다.

14 높이 또는 멀리 날려 보자

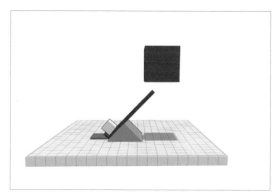 

시소 판의 길이, 시소 판의 기울기 역시도 점프에 영향을 줍니다. 초록색 지지대의 크기와 높이도 점프에 영향을 줍니다. 날아가는 흰색 상자 도형은 한 변의 길이를 12mm로 고정한 상태에서 다른 요소들을 변경하여 가장 높이 또는 가장 멀리 날리는 시소를 만들어 봅니다.

점프하기 활동 2: 구르고 넘어지고 점프

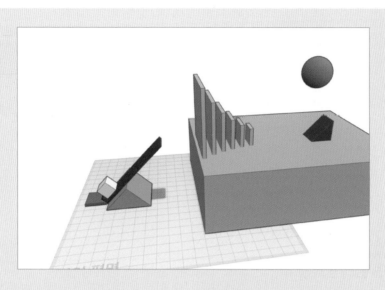

하나의 동작으로 구슬이 굴러가고, 도미노가 넘어지고, 시소로 물체가 점프하는 등 다양한 활동이 일어나게 만들어 봅니다.

01 시소와 언덕

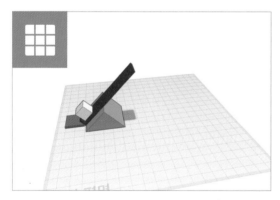
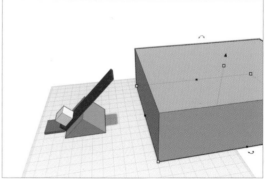

3D 디자인 화면입니다. 시소는 앞선 활동에서 만든 방법과 동일합니다. 시소 앞에 상자 도형을 가져옵니다. 상자 도형의 크기를 키우고 색을 회색으로 바꿨습니다. 이 회색의 상자 도형은 높은 언덕입니다. 언덕에서 떨어진 물체가 시소의 끝부분을 누를 예정입니다.

02 언덕 위에 임시 평면 만들기

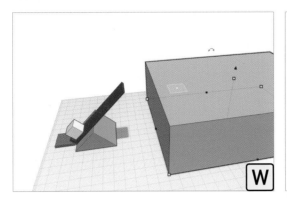
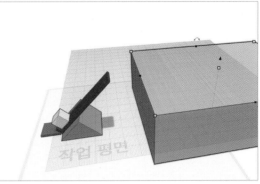

언덕 윗면에 "임시 평면"을 만들어서 사용하겠습니다. "작업 메뉴"의 "작업 평면" 아이콘을 클릭하거나 W를 누릅니다. 마우스 커서를 언덕의 윗면에 가져가면 네모난 아이콘이 보입니다. 이때 클릭하면 클릭한 언덕 위에 주황색의 "임시 평면"이 생깁니다. 앞으로 여기에서 모델링을 진행합니다.

03 언덕 위에 도미노 세우기

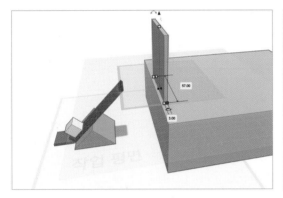
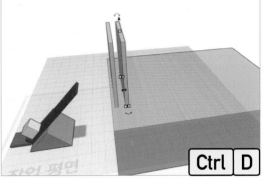

기본 상자 도형을 가져옵니다. 도미노처럼 크기를 바꿔 줍니다. 도미노의 두께는 3mm로 만들었습니다. 하나 만든 도미노를 선택하고 Ctrl+D 눌러서 복제합니다. 키보드 방향키로 옆으로만 이동시킵니다.

04 점점 작아지는 도미노 만들기

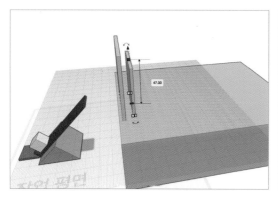 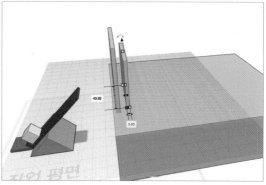

Shift 를 누른 상태에서 복제된 도미노 상단의 흰색 네모 점을 클릭해 크기를 줄입니다. 그리도 도미노의 두께를 나타내는 숫자를 클릭하여 3mm로 바꿔 줍니다. 도미노 두께를 바꾸지 않고 복제 기능을 실행하면, 크기뿐만 아니라 두께도 얇아지면서 도미노가 서 있을 수 없습니다.

05 도미노의 두께는 일정

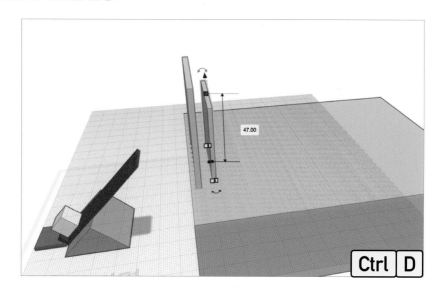

도형 선택이 풀리지 않게 주의하면서 모델링합니다. Ctrl + D 를 반복적으로 눌러 복제를 실행합니다. 도미노의 크기는 줄어들지만 도미노의 두께는 3mm로 일정하게 유지 되는 도형이 나타납니다. 너무 작은 도미노까지 만들면 순차적으로 넘어지기 어렵습니다. 5~6번 정도의 복제를 추천합니다.

06 경사면 만들기

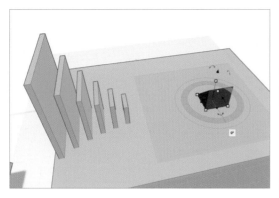 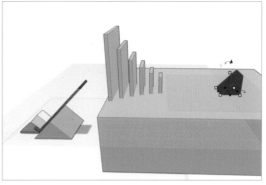

도미노는 위에서 떨어트린 구슬에 의해서 넘어질 예정입니다. 떨어진 구슬의 방향을 바꿔 줄 수 있는 경사면을 만들어 줍니다. 진한 파란색 삼각기둥을 가져옵니다. 도형을 회전시켜 경사면이 도미노를 바라보게 만듭니다.

07 구슬 놓기

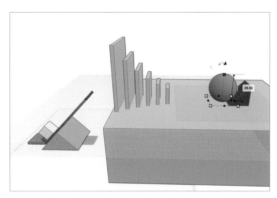 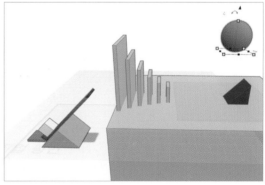

경사면 앞 부분에 구 도형을 가져옵니다. 구 도형은 구슬입니다. 필요하면 구슬의 크기를 키워도 좋습니다. 구슬을 Z축 방향으로 위로 이동시킵니다.

08 기준 평면으로 돌아오기

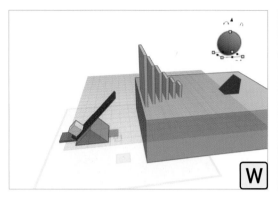 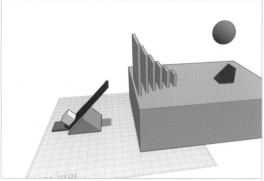

주황색 "임시 평면"에서의 모델링이 끝났습니다. 하늘색의 "기준 평면"으로 돌아옵니다. "작업 메뉴"의 "작업 평면" 아이콘을 클릭하거나 W 를 누릅니다. 마우스 커서를 빈 공간의 바닥에 놓고 클릭하면 주황색 "임시 평면"이 사라지고 하늘색 "기준 평면"으로 돌아옵니다.

09 심랩에서 고정하기

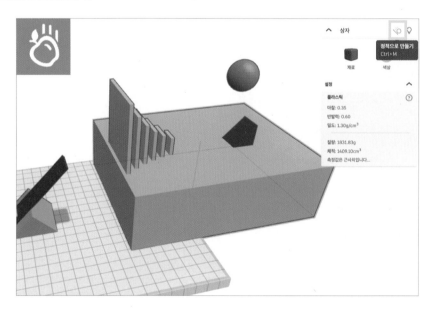

"사과" 아이콘을 눌러 심랩으로 이동합니다. 실행하기 전에 움직이지 않는 도형들을 먼저 고정해 줍니다. 진한 파란색 삼각기둥, 회색 언덕, 초록색 시소 지지대, 갈색 시소 버팀목 4개의 도형은 고정입니다. 각각의 도형을 선택하여 수정창에서 "정적으로 만들기"를 클릭합니다.

10 심랩에서 구르고 넘어지고 점프하고

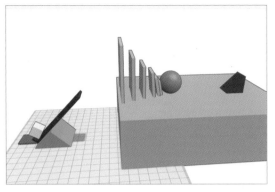 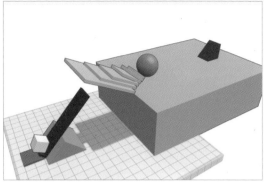

플레이를 누릅니다. 구슬이 떨어지고 도미노로 굴러가서 부딪칩니다. 마지막 도미노가 시소 아래로 떨어지면 시소에 올려진 물체가 점프하게 됩니다. 동작이 정확히 이루어지지 않는다면 힘이 잘 전달될 수 있게 일직선상에 놓여 있는지 확인해 봅니다.

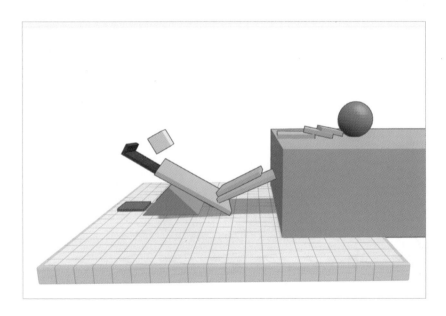

흰색의 도형을 더 높이 점프시키고 싶다면 어떤 요소를 바꾸면 될까요? 언덕을 높게 만들까요? 떨어지는 도미노를 크게 만들까요? 시소의 모양을 바꿔 볼까요? 앞에서 배운 다양한 도미노 기법과 구슬길 도형을 사용해서 다른 동작을 만들어 봅시다.

심랩 골드버그 장치 만들기

✦ 단순한 작업을 복잡하게

골드버그 장치는 미국의 만화가 루브 골드
버그(Rube Goldberg, 1883~1970)의 만화
에서 시작합니다. 하나의 작은 동작이 서로
영향을 받으며 다른 동작으로 이어지는 장
치로 많은 상상력이 필요합니다. 때로는 단
순한 동작을 하기 위해서 아주 복잡한 과정
을 거쳐야 합니다.

예를 들어서 시계의 알람을 끄기 위해서 구슬이 굴러가고, 빗자루가 넘어지고, 커튼이 열리
고, 장난감이 떨어지는 복잡한 동작들이 끊임없이 이어집니다.

✦ 과학적 원리가 숨어있는 장치

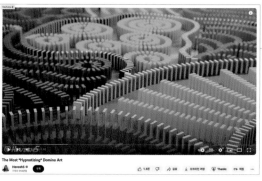

골드버그 장치는 간단한 결과를 위해 요란한 동작이 일어나지만 그 안에는 과학적인 원리가
숨어 있습니다. 힘이 전달되어 다음 동작으로 연결하기 위해서는 수많은 실험과 연습이 필요
합니다. 도미노나 구슬길은 골드 버그 장치에서 꼭 한 번 이상 등장하는 요소입니다. 힘을 전
달할 수 있는 가장 기초적인 아이디어면서 화려한 동작이나 퍼포먼스를 보여 줄 수 있기 때문
입니다. 틴커캐드 심랩에서 골드버그 장치를 만들어 봅시다! 다양한 아이디어를 얻고 싶다면
유튜브에 "골드버그 장치, goldberg machine, 도미노, domino" 등을 검색해서 다른 사람들의
작품을 감상해 보는 건 어떨까요?

✦ 틴커캐드 심랩에서 골드버그 장치를 만들어 보자!

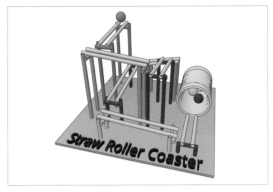

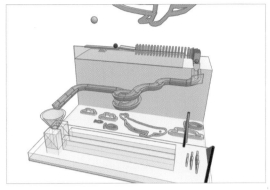

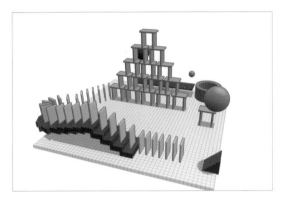

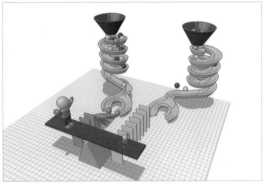

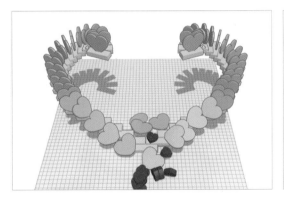

던지고, 떨어지고, 넘어지고, 구르고, 점프하는 다양한 방법을 활동을 통해서 익혔습니다. 도미노가 꼭 네모일 필요는 없습니다. 원하는 순간에 넘어지고 다음 동작을 연결할 수만 있다면 다양한 모양을 이용해도 됩니다. "기본 쉐이프"를 눌러 "일상적인 객체"로 들어가면 우리가 생활 속에서 볼 수 있는 연필, 종이컵 등이 있습니다. 이 도형은 크기를 변경할 수는 없지만 여러분의 골드버그 장치에는 사용할 수 있습니다. 처음 시작한 동작을 이어 나가는 여러분만의 골드버그 장치를 디자인하고 만들어 봅시다.

심랩 동영상 생성

✦ 동영상 촬영 준비하기

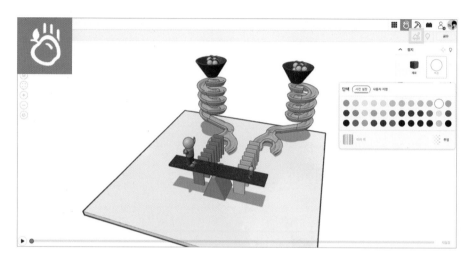

내가 만든 골드버드 장치를 많은 사람에게 영상으로 자랑할 수 있습니다. 영상으로 만들기 전에 오른쪽 위의 산 모양의 아이콘을 눌러서 바닥의 재질과 색상을 바꿔 줍니다. 모델링이 잘 보일 수 있는 색으로 선택합니다.

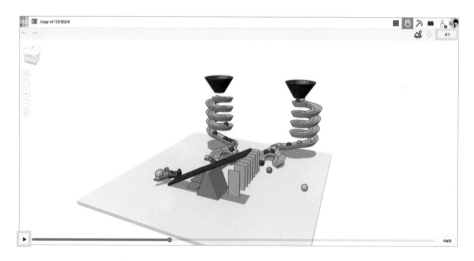

모든 준비가 완료되었다면 플레이 버튼을 눌러 시뮬레이션을 진행합니다. 원하는 움직임으로 잘 연결되는지 확인합니다. 필요하면 "3D 디자인"과 "심랩"을 왔다 갔다 하면서 모양을 수정합니다. 시뮬레이션이 만족스럽다면 오른쪽 위의 "공유" 버튼을 클릭합니다.

✦ 동영상으로 내보내기

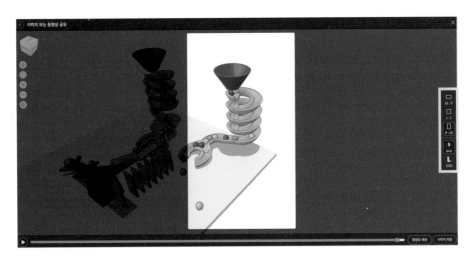

시뮬레이션을 .mp4 파일 형식으로 내보낼 수 있습니다. 오른쪽 모서리에는 영상을 찍을 수 있는 크기와 영상 화질을 선택할 수 있는 메뉴가 나와 있습니다. 원하는 크기와 화질을 선택합니다.

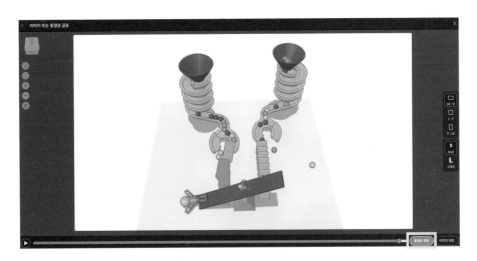

화면을 시뮬레이션이 잘 보이는 방향으로 조정합니다. 왼쪽 위의 뷰 큐브와 확대 축소를 이용합니다. 모든 것이 준비되었으면 아래 있는 "동영상 생성"을 클릭합니다. 2~3분 후 동영상이 다운로드됩니다. 영상의 길이는 최대 10초로 제한되어 있습니다. 시뮬레이션 동작이 너무 긴 경우에는 이 방법보다 컴퓨터의 기본 기능인 스크린 녹화 기능을 사용하는 게 더 좋습니다.

메이커 다은쌤의
틴커캐드 3D 모델링과 심랩

1판 1쇄 발행 2024년 3월 18일

저　　자 | 전다은
발 행 인 | 김길수
발 행 처 | ㈜영진닷컴
주　　소 | (우)08507 서울 금천구 가산디지털1로 128
　　　　　 STX-V타워 4층 401호
등　　록 | 2007. 4. 27. 제16-4189호

©2024. ㈜영진닷컴

ISBN | 978-89-314-6952-3

YoungJin.com **Y.**
영진닷컴